中华人民共和国内河船舶船员特殊培训系列教材

# 内河液化气燃料动力船舶安全知识与操作

中国海事服务中心组织编写

大连海事大学出版社

**图书在版编目(CIP)数据**

内河液化气燃料动力船舶安全知识与操作 / 姚昌栋主编. —大连：大连海事大学出版社, 2017.6（2025.4重印）
中华人民共和国内河船舶船员特殊培训系列教材
ISBN 978-7-5632-3510-0

Ⅰ. ①内… Ⅱ. ①姚… Ⅲ. ①内河船－燃气轮机－动力装置－技术培训－教材 Ⅳ. ①U674

中国版本图书馆CIP数据核字(2017)第138037号

| | |
|---|---|
| 责任编辑： | 苏炳魁 |
| 封面设计： | 解瑶瑶 |
| 版式设计： | 解瑶瑶 |
| 责任校对： | 杨　洋 |
| 出 版 者： | 大连海事大学出版社 |
| 地址： | 大连市黄浦路523号 |
| 邮编： | 116026 |
| 电话： | 0411-84729665(营销部) 84729480（总编室） |
| 网址： | press.dlmu.edu.cn |
| 邮箱： | dmupress@dlmu.edu.cn |
| 印 刷 者： | 大连天骄彩色印刷有限公司 |
| 发 行 者： | 大连海事大学出版社 |
| 幅面尺寸： | 184 mm×260 mm |
| 印　　张： | 10.5 |
| 字　　数： | 225千字 |
| 出版时间： | 2017年6月第1版 |
| 印刷时间： | 2025年4月第5次印刷 |
| 书　　号： | ISBN 978-7-5632-3510-0 |
| 定　　价： | 50.00元 |

# 前　言

《中华人民共和国内河船舶船员特殊培训考试和发证办法》已于2015年4月1日生效，考试内容中增加了液化气船和液化气燃料动力船两个培训科目。为了进一步做好内河船舶船员特殊培训、考试和发证工作，提高船员培训质量，中国海事服务中心组织在内河船舶运输领域有着丰富教学、培训、实践经验的专家共同编写了《内河液化气燃料动力船舶安全知识与操作》培训教材。

教材在编写过程中兼顾了全国各地内河液化气燃料动力船舶的实际情况，同时考虑到内河航运事业的发展，采用了最新的资料、信息，具有时代特色和前瞻性；教材内容侧重于应知应会、安全知识、实际操作及各项工作的注意事项，务求实用和通俗易懂。

《内河液化气燃料动力船舶安全知识与操作》教材适用于在内河液化气燃料动力船舶上任职的船员使用。本书由南京油运海员培训中心姚昌栋主编，葛卫兴、夏克银主审。参加编写的人员有王爱兵、陈洪生、刁雨玲、黄文生等。

教材在编写、出版过程中，得到了江苏海事局、南京海事局、宿迁地方海事局及南京长江油运公司、江苏海企港华燃气发展有限公司、武汉理工大学、宿迁开放大学等有关单位、部门和人员的大力支持和协作，在此表示衷心的感谢。

由于编者水平有限，时间仓促，书中难免有疏漏和不足之处，欢迎广大读者和专家批评指正。

中国海事服务中心

2017年4月

扫码学习《深入学习贯彻党的二十大精神　加快建设交通强国　当好中国式现代化开路先锋》

# 目录
CONTENTS

# 第一章

# 基本知识

- 第一节　液化天然气的基本知识
- 第二节　与液化天然气有关的名词术语
- 第三节　液化天然气的特性
- 第四节　LNG燃料动力船舶的设计和操纵特点
- 第五节　LNG燃料动力船舶的危险区域与易爆区域
- 第六节　LNG燃料动力船舶对环境的影响

# 第一节　液化天然气的基本知识

**要点**

LNG成分和性质，主要参数和主要优点。

## 必备知识

### 一、定义

LNG是液化天然气(Liquefied Natural Gas)的简称。从油气田生产出来的可燃气体经净化处理(脱除$CO_2$、硫化物、烃、水等杂质)后，在常压下深冷至-162℃左右，天然气由气态变成液态形式储存于特定容器中。

### 二、LNG的主要用途

(1)作为清洁燃料汽化后供城市居民使用，具有安全、方便、快捷、污染小的特点。

(2)作代用发动机燃料使用。采用LNG作为发动机燃料，发动机仅需做适当变动，运行不仅安全可靠，而且噪声低、污染小，特别是在排放法规日益严格的今天，以LNG作为燃料的发动机，排气明显改善。

(3)作为冷源用于生产速冷食品，以及塑料、橡胶的低温粉碎等，也可用于海水淡化和电缆冷却等。

(4)作为工业气体燃料，用于玻壳厂、工艺玻璃厂等行业。

### 三、LNG基本参数

LNG是由天然气转变的另一种能源形式。

LNG主要成分是甲烷(90%以上)、乙烷、氮气(0.5%~1%)及少量C3~C5烷烃的低温液体。

(1)LNG的主要成分为甲烷，化学名称为$CH_4$，还有少量的乙烷($C_2H_6$)、丙烷($C_3H_8$)以及氮气($N_2$)等其他成分。

(2)临界温度为-82.6℃。

(3)常压沸点为-161.5℃,着火点为650℃。

(4)液态密度为0.420～0.46 $T/m^3$,气态密度为0.68~0.75 $kg/m^3$。

(5)气态热值为38 $MJ/m^3$,液态热值为50 MJ/kg。

(6)爆炸范围:上限为15%,下限为5%。

(7)辛烷值(ASTM):130。

(8)无色、无味、无毒且无腐蚀性。

(9)体积约为同量气态天然气体积的1/625。

## 四、简述LNG的六大优点

(1)LNG体积是同质量的天然气体积的1/625,所以可用汽车、轮船很方便地将LNG运到没有天然气的地方使用。

(2)LNG储存效率高,占地少,投资省,10 $m^3$ LNG储存量就可供1万户居民1天的生活用气。

(3)LNG作为优质的发动机用燃料,具有辛烷值高、抗爆性能好、延长发动机寿命、降低燃料费用,环保性能好等优点。它可将汽油汽车尾气中的HC减少72%,$NO_x$减少39%,CO减少90%,$SO_x$、Pb降为零。

(4)LNG汽化潜热高,液化过程中的冷量可回收利用。

(5)由于LNG汽化后密度很低,只有空气的一半左右,稍有泄漏立即飞散开来,不致引起爆炸。

(6)由于LNG组分较纯,燃烧完全,燃烧后生成二氧化碳和水,所以它是很好的清洁燃料,有利于保护环境,减少城市污染。

# 扩展知识

## 一、LNG的生产

液化天然气是天然气的液态形式。天然气是地下油气田中的气体矿物混合物,是由动植物经过亿万年的演化生成的。天然气的来源分为两种:一种是由油田中含有的天然气加工形成的“附带”型天然气;另一种是由单独气田中得到的“非附带”型天然气。世界上大多数的天然气是非附带型天然气,一般纯净度高,具有较高的热值。气田或油气田中的天然气被勘探、开采后,进行脱水、脱烃处理,再被输送到液化工厂。

在天然气液化厂内,将天然气进行净化、液化和储存。液化冷冻工艺是一种通常采用乙烷、丙烷及混合冷冻剂作为循环介质,利用压缩循环冷冻法来实现的工艺过程。

## 二、LNG运输

天然气产地通常远离消费者，一般采取长距离的管道进行输送，如我国的“西气东输”工程；或者将天然气液化后通过船舶从产地运输到消费地，再经汽化后供消费者使用。LNG的海运是依靠专用的LNG运输船来运送，目前LNG运输船都是以常压全冷的方式运输。陆地上LNG运输均采用专业槽罐车。槽罐车罐体采用双壁真空粉末绝热，配有操作阀安全系统及输液软管等。国内低温液体槽罐车的制造技术比较成熟，槽罐车使用安全。

## 三、LNG的储存

LNG必须储存在专用的气罐中。LNG气罐由于是在超低温的状态下工作，因此与其他石油化工气罐相比具有其特殊性。由于储存的LNG处于沸腾状态，当外部热量侵入，或由于充装时的冲击、压力的变化，都将使储存的LNG持续气化成为气体。为此运输中必须考虑气罐内压力的控制，气化气体的抽出、处理及制冷保冷等。气罐的性能参数主要有真空度、漏损率、静态蒸发率。作为低温容器，LNG气罐必须满足国家及行业标准中的相关技术要求。静态蒸发率则能够较为直观地反映气罐在使用时的保冷性能，内河船舶上使用的LNG气罐的静态日蒸发率一般为0. 15%～0. 35%。以静态日蒸发率0.3%计算，在不使用的情况下，一只储满燃料的气罐完全蒸发需要近一年的时间。

# 第二节　与液化天然气有关的名词术语

**要点**

天然气、爆炸下限、爆炸上限、气体危险区域。

**必备知识**

（1）天然气：系指从油气田产生的可燃气体，常温常压下呈气态，主要成分为甲烷和少量的乙烷、丙烷、丁烷等。

（2）液化天然气（LNG）：系指天然气经冷却或冷却压缩而液化的天然气，并以液态形式储存在特定容器中。

(3)压缩天然气(CNG):系指通过高压压缩储存在气罐中的天然气。

(4)危险性:系指燃烧、爆炸、低温和压力对船舶或人员可能带来的损伤。

(5)气罐:系指船上用于储存LNG燃料的压力(低温)容器。气罐可分为薄膜型气罐、半薄膜型气罐、独立气罐(包括A型、B型、C型)。

(6)气罐处所:系指船上用于存放气罐的固定处所。

(7)围蔽处所:系指在没有机械通风的情况下,通风受到限制且任何爆炸性环境不能被自然驱散的处所。

(8)半围蔽处所:系指受甲板和/或舱壁限制以致其自然通风条件与开敞甲板上的处所有显著差异的处所。

(9)开敞处所:系指通过自然通风,可燃气体能迅速扩散的处所。

(10)起居处所:系指用作公共处所、居住舱室、办公室、医务室、走廊、厕所、浴室及类似的处所。

(11)爆炸下限(LEL):系指可能引起爆炸的最低可燃气体浓度极限点,小于这个浓度燃烧爆炸便不会发生。

(12)爆炸上限(UEL):系指可能引起爆炸的最高可燃气体浓度极限点,高于这个浓度燃烧爆炸便不会发生。

(13)气体危险区域:系指爆炸性气体环境存在或可能出现的数量足以需要对机械和电气设备在结构、安装和适用上采用特别防护的区域。危险区域分为0类区、1类区和2类区。

0类区:系指持续存在或长时间存在爆炸性气体环境的区域。

1类区:系指在正常操作情况下可能出现爆炸性气体环境的区域。

2类区:系指在正常操作情况下不太可能出现爆炸性气体环境的区域,即使出现,也可能仅偶然发生并且存在时间很短。

(14)气体安全区域:系指气体危险区域以外的区域。

(15)高压管:系指最高工作压力高于1 MPa的管系。

(16)互锁气体阀:系指安装在每台发动机气体燃料供应管路上的1套自动阀(3只),其中2只串接在通向发动机的气体燃料管路上,第3只安装在处于2只串接阀之间的气体燃料透气管上,该透气管应通向露天的安全位置。

(17)双燃料发动机:系指既可以以气体为燃料,又可以燃烧燃油或者同时燃烧燃油和气体燃料的内燃机。

(18)单一气体燃料发动机:系指只能依靠气体燃料运转且不能转换到燃油运转的发动机。

(19)主气体燃料阀:系指位于每个发动机气体供应线上的自动阀,它位于机舱外面,尽可能靠近气体加热器(如设有)。

(20)释放源:系指可燃气体、蒸汽或液体可能释放出能形成爆炸性气体环境的部位或地点。如气体燃料系统内的任何阀门、可拆卸式管接头、管垫圈、压缩机或泵密封装置等。

(21)本质安全机器处所:系指机器处所的布置应使得机器处所在任何情况下均处于安全状态。

(22)ESD防护式机器处所:系指机器处所的布置使得该处所在正常情况下被认为处于气体安全状态,但在某些异常情况下可能变为气体危险区域。当出现燃料气体泄漏等异常情况时,非安全设备(点燃源)和机械应自动关闭,只允许防爆型设备或机械运行。

(23)增强安全机器处所:系指机器处所通过增强通风能力、加强可燃气体探测与报警,在其气体燃料管路上采用全熔透对焊接头等方式,有效防止燃料气体泄漏带来的危险。

(24)气罐主阀:系指位于气罐供气管路上尽量靠近气罐出口的应急遥控截止阀,该阀为故障关闭型(其驱动动力失效时关闭)。

(25)主气体燃料阀:系指一个位于机舱外的供气管路上的自动截止阀,该阀应为故障关闭型(其驱动动力失效时关闭),并尽可能靠近热交换器(如设有)。对于多台气体燃料发动机,该阀可位于气体总管上,也可位于每台气体燃料发动机的供气支管上。

(26)BOG闪蒸气:外界环境热量的入侵使低温气罐或低温槽罐车内的LNG气化产生日蒸发率为0.3%的闪蒸气,简称BOG(Boil Off Gas)闪蒸汽。

(27)双壁管:系指由内管和外管组成的,主要用于向气体燃料发动机供气的管路,内管和外管之间充满压力高于气体燃料压力的惰性气体或按有关规范要求进行通风。

(28)充装站:系指设有气体燃料充装接头、回气接头及相关阀件的位置或处所。

(29)ECU(Electronic Control Unit):电子控制单元通过采集各种传感器的信号并进行分析处理、再对气体燃料发动机的燃气和燃油进行调控。

# 第三节　液化天然气的特性

**要点**

液化天然气的特性。

**必备知识**

1.低温特性

液化天然气的储存、运输、利用都是在低温状态下进行的。低温特性除了表现在对液化

天然气系统的设备、管道的材料要满足低温条件下足够的韧性和强度外，还要注意防止低温条件下的脆性断裂和冷收缩对设备和管路引起的危害，同时也要解决系统保冷、蒸发气处理、泄漏扩散及低温灼伤等方面的问题。所以，液化天然气系统的保冷隔热材料应满足导热系数小、密度低、吸湿率和吸水率小、抗冻性强、低温下不开裂、耐火性好、机械强度高、方便施工等要求。

(1)对设备、船体的破坏

在设计时考虑了LNG的低温特性，并采取了耐低温的材质与结构，因此低温LNG对设备和船体的损坏是发生在LNG意外泄漏、外溢时。当超低温的LNG与普通的非耐低温的设备、船体接触后会使其脆化，同时由于局部的冷却产生过大的热应力导致龟裂、破损，从而危害设备和船体。

(2)结冰

LNG系统中、空气中、惰性气体中携带的水分以及溶解在LNG中的水分都会由于LNG的低温而结冰。结冰后造成阀门卡死、管路堵塞、传感器和液位计设备无法正常工作或损坏。另外，空气中含有大约0.03%的二氧化碳，若没有驱除干净，也会冷凝成干冰堵塞阀门、喷嘴和滤网。

(3)对人体的危害

人体与低温LNG直接接触或与未包扎保温绝热材料的管路接触会引起冻伤，另一方面，液体的LNG汽化潜热很大，当液体喷溅到人体皮肤或眼睛上时会导致皮肤温度急剧下降而冻伤。

2.易燃易爆性

LNG的主要成分是甲烷，还有少量的乙烷、丙烷、丁烷及其他稳定烷类，它们都是易燃易爆物质，闪点低，极易与空气形成爆炸性混合物，而且引燃能量小，所以一旦泄漏容易引发火灾或爆炸事故。

一般环境条件下，天然气和空气混合的云团中，天然气的含量在5%～15%(体积比)范围内可以引起燃爆。与其他危险燃料相比，如液化石油气的燃烧爆炸极限为2.1%～9.5%，汽油为1.3%～6%，从下限来看，LNG的蒸气下限较高，LNG相对的安全性要好。

3.扩散性

泄漏的液化天然气开始蒸发时，所产生的气体温度接近液体温度，其密度大于环境中空气密度。冷空气在未大量吸收环境空气中热量之前，沿地面形成一个流动层。当从地面或环境空气中大量吸收热量以后，温度上升时，气体密度小于环境中空气密度。形成的蒸发气和空气的混合物在温度继续上升的过程中逐渐形成密度小于空气的气云，气云的膨胀和扩散与风速和大气的稳定性有关。液化天然气泄漏时，由于液体温度很低，大气中的水蒸气也被冷凝而形成“雾团”，这是可见的，可以作为可燃性云团的跟踪物，从而指示出云团的区域范围。

泄漏的液化天然气以喷射形式进入大气，同时进行膨胀和蒸发，膨胀率可达625倍，且

具有很高的扩散系数,还与空气进行剧烈混合,形成爆炸性混合物。

4.易挥发性

常压下,LNG的沸点约为-162℃,很容易从周围环境中吸热挥发。LNG存储设备及管道也因LNG的低温而极易吸热,随着温度升高,LNG的蒸气压力也迅速增大。因此,气罐、蒸发器及管路等设备应有足够的强度,同时应具备相应的泄压措施,以防止湿度升高时容器胀裂导致LNG泄漏。LNG一旦从气罐、管道或其他设备泄漏出来,一部分液体会急剧汽化,与周围空气混合生成冷蒸气雾,在空气中冷凝形成白烟,再稀释受热后与空气形成可燃性气云。可燃性气云若遇到点火源,将引发闪火或蒸气云爆炸等事故。当船舶的燃料系统(气罐或燃料管系)存在任何细小的不密闭缺陷,就会造成液化气的泄漏挥发。

5.中毒、窒息危害性

天然气中主要成分甲烷对人体基本无毒,但浓度过高时,使空气中氧含量明显降低,使人窒息。当空气中甲烷达25%~30%时,可引起头痛、头晕、乏力、注意力不集中、呼吸和心跳加速,甚至昏迷。若不及时脱离,可致窒息死亡。皮肤接触该液化气体可致冻伤。长期接触天然气可能出现神经衰弱综合征。因此,天然气泄漏,造成相关人员中毒也是十分突出的危险、有害因素。输气管线、储气罐、阀门发生泄漏,通风不良,人员长期在低浓度天然气环境中作业,身心易受到伤害。在大量天然气突然泄漏时,危险区域人员有窒息的危险。

6.冷爆炸

在LNG泄漏遇到水的情况下,水和LNG之间存在非常高的热传递速率,LNG将激烈地沸腾并伴随有大的响声和喷出水雾,导致LNG蒸气发生物理爆炸。这个现象类似水落在一块烧红的钢板上发生的情况,可使水立即蒸发。应避免造成冷爆炸这种危险。

7.易积聚静电荷

天然气本身是绝缘的,但当发生LNG泄漏,从气罐、管道等破损处高速喷出或沿管道流动时与管道内壁产生摩擦,及在加注时液体对罐壁产生冲击,这些情况都会导致静电的产生。当静电积聚到一定程度后就会放电产生电火花,引燃可燃气体,发生燃烧爆炸事故。

8.压力特性及危害

(1)高压危害

LNG燃料动力船舶在营运过程中,由于外界热量的传递,处于封闭的燃料温度会升高,其蒸气压力变大,一旦压力高于装置的设计许可值而装置的安全保护系统失灵,就会对装置造成损坏或形成危险。因此在操作时,如打开阀门、盲板等设备前,应利用仪表等观察、判断装置或系统内部是否存在高压蒸气或液体,以免对人员、设备造成损害。例如,在两个截止阀之间的管路中封闭了LNG液体,两个截止阀均处于关闭状态,经过一段时间的温度升高后,管路中的压力就会逐渐升高,如果这段管路上没有安装安全压力释放装置,可能导致截止阀的阀盘上产生过高的压力,使阀门无法开启,压力继续升高还会造成管道爆裂等危害。

(2)“翻滚”现象

如果LNG燃料动力船舶加注时装入的LNG液体与舱内原来液体的成分、温度、密度不

同，而且在加注时不同的液体没有很好地混合，那么它们会在气罐内自动分层。在底部漏热的情况下，底部密度较大的LNG吸收热量，温度上升较快，但是因为有上层液体的重力抑制作用，不能蒸发而处于过饱和状态，一定条件下，分层界面被打破，处于下层的过热的LNG会剧烈翻滚，并释放出大量蒸气，气罐内出现所谓的"翻滚"现象，这时气罐内的压力会急剧上升，可能引发超压事故。

# 第四节 LNG燃料动力船舶的设计和操纵特点

**要点**

LNG燃料动力船舶的设计和操纵特点。

## 必备知识

由于LNG燃料的特殊性能，内河LNG双燃料动力船在结构设计上与普通船舶有所差异，主要有以下几方面：

(1)应避免含有气体源的处所对其他任何处所存在隐患事故危险，从而导致可能产生货物、气体、燃油的连锁损坏及爆炸反应。

(2)气体燃料系统的布置应使其产生的危险区域尽可能小。

(3)含有低温液体管系或设备的处所，应在其下方设置耐低温集液盘，对于高压压缩气体管系或设备处应设有耐低温钢质防护罩，以防止发生泄漏时喷射到周围结构上。

(4)气罐连接处所、压缩室、气泵室及类似处所的舱底水系统应独立于船舶其他部分的舱底水系统。

另外，LNG燃料的使用也会使船舶动力产生一些变化，对船舶的操纵性能也有一定的影响。

### 一、LNG燃料动力船舶设计特点

我国船用LNG燃料动力技术已取得关键上的突破，已有多家发动机企业成功生产出

LNG-柴油双燃料发动机，为拓展绿色航运打下了基础。但双燃料发动机真正应用到船舶上的还很少，目前营运中的内河双燃料动力船舶不多，我国LNG燃料船舶也主要是对内河航道使用柴油为燃料的船舶进行改造，将原有的柴油机动力系统改造为LNG-柴油双燃料动力船舶。目前已经完成了拖船、散货船等船舶的LNG-柴油双燃料改装试验，并试航成功。

LNG双燃料动力船的改装外表主要变化是增加了一套LNG燃料系统(包括LNG气罐、燃料供应系统等)，如图1-1所示是我国内河一条典型的3 000吨LNG燃料动力船船尾部储罐布置示意图，该船气罐采用外置式安装，甲板和舱壁全部采用A-60级防火隔离。另外，为防止船舶追尾可能对气罐造成损坏，在主甲板尾部加装了防护围板。

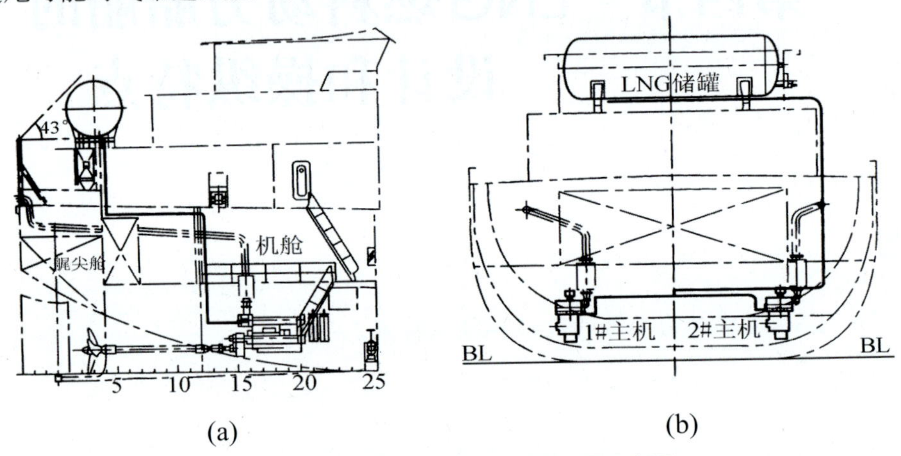


图1-1　LNG燃料动力船船尾部储罐布置示意图

气罐布置方式有外置式、内置式。外置式主要用在改装船上，一般安装在船尾，所以带来船尾碰撞造成气罐破损的隐患，及外界环境对气罐和附件产生腐蚀的危害。新造的双燃料动力船普遍采用内置式，但同样存在缺陷。一旦气罐发生泄漏，燃料气体不易散发，将快速达到燃烧爆炸浓度极限范围，而且低温液体会造成船体结构的破坏，所以气罐内置式必须严格按照相关建造规范进行建造，营运中加强管理。

改装后的双燃料动力船舶，由于加装了气罐，所以船舶的重心和稳性跟着发生了变化，但通过相关部门和专家实船考察研究，其重心和稳性变化程度很微小，对船舶操纵带来的变化可以忽略不计。

## 二、LNG燃料动力船舶操纵特点

船舶的操纵性能主要包括旋回性、航向稳定性与保向性、变速运动性等。

1. 旋回性

船舶旋回性基本保持不变。这是因为船舶旋回圈的大小与船型、舵面积、操舵角、操舵时间、装载状况、航道状况、螺旋桨转速等因素密切相关，当使用LNG燃料时，输出的功率与燃烧柴油发出的功率相当时其旋回性基本保持不变。

2. 航向稳定性、保向性

船舶航向稳定性保持不变。因为航向稳定性主要与船型相关，而改装后的船舶不改变

船型。

船舶保向性基本保持不变。影响船舶保向性的主要因素是船舶稳定性、船型、装载、操舵技术、航速等，而改烧LNG燃料后并不改变上述参数。

3. 船舶变速运动性

船舶变速运动性主要指发动机的起动性能、停车性能、变速性能给船舶操纵带来的影响，具体如表1-1所示。

表1-1 船舶变速运动性

| 起动性能 | 可能变差，取决于LNG的转换时间 |
|---|---|
| 停车性能 | 基本保持不变 |
| 倒车停车性能 | 可能变差，取决于LNG的转换时间 |
| 低速航行 | 变差，主机在超低负荷时不适合用气体燃料 |
| 高速航行 | 变差，主机在超高负荷时不适合用气体燃料 |
| 机动航行 | 可能变差，主机频繁变速下不适合用气体燃料 |

综合分析以上操纵性的变化，双燃料动力船舶主要操纵特点如下：

（1）机动用车时不使用LNG燃料而使用纯柴油。

（2）正常航行后，只有当发动机转速稳定后才可换用LNG模式。

（3）在进出闸区、狭窄航道、密集桥区航行时，若频繁用车，则应减少LNG燃料的使用，尽可能使用纯柴油模式。

（4）船舶航行在复杂航段有可能需要实施紧急加速等操作的情况下，建议转换为纯柴油模式。

# 第五节　LNG燃料动力船舶的危险区域与易爆区域

**要点**

LNG燃料动力船舶中0类区域、1类区域、2类区域。

**必备知识**

LNG即液化天然气，主要成分为甲烷，气化后比空气轻，一旦泄漏扩散会很快。空气中

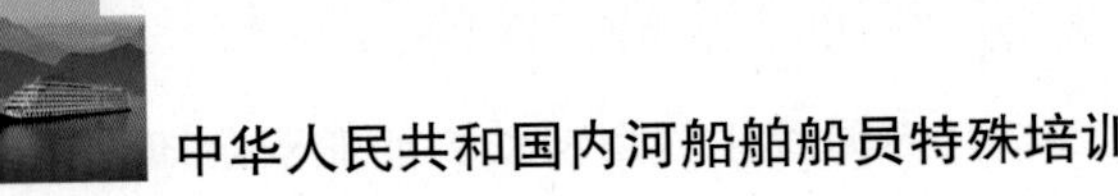


天然气浓度达到15%以上时，可以正常燃烧；浓度为5%~15%时，遇到明火即可发生爆炸，这个浓度范围即为天然气的爆炸极限，爆炸瞬间产生高温、高压，其破坏力和危险性都很大。

气体危险区域系指爆炸性气体环境存在或可能出现的数量足以需要对机械和电气设备在结构、安装和适用上采用特别防护的区域。一般将LNG燃料动力船舶的危险区域与易爆区域划分为0类区域、1类区域和2类区域。

0类区域：高度危险区域，持续存在或长时间存在爆炸气体环境的区域。包括储气罐的内部、用于储气罐压力释放或其他透气系统的任何管路、内部含气体燃料的管路和设备。

1类区域：中度危险区域，在正常情况下可能出现爆炸性气体环境的区域。

1类区域包括：

(1)气罐连接处所。

(2)气体燃料压缩机室、气泵室。

(3)距离气罐连接处所出口，气体或蒸气出口，主气体燃料阀、其他气体阀、气体管法兰、1区通风出口，因温度变化产生的少量气体或蒸气混合物的气罐压力释放口等3 m以内的开敞甲板上的区域或甲板上的半围蔽处所。

(4)距离气体燃料压缩机室和气泵室入口、气体燃料泵和压缩机舱通风进口以及通向1区的其他开口1.5 m以内的开敞甲板上的区域或半围蔽处所。

(5)开敞甲板上的包括气体燃料充装总管阀的防溢挡板以内，以及挡板向外延伸3 m并不高于甲板以上2.4 m的处所。

(6)气体燃料管路所在的围蔽或半围蔽处所，例如气体燃料管路周围的管道、半围蔽的充装站。

(7)在正常操作情况下ESD防护式机器处所视为气体安全处所，但当出现气体泄漏时，该处所变为1区。

2类区域：低度危险区域，在正常操作情况下不太可能出现爆炸性气体环境的区域，也可能仅偶然发生并且存在时间短。该区域包括1区外1.5 m范围内所包含的开敞区域或半围蔽处所、气闸内部区域，布置在开敞区域的单层气罐外表面2.4 m范围的区域。

在正常操作情况下ESD防护式机器处所视为非危险区域，但当出现气体泄漏时，该处所变为1类区。电气设备、电缆不应安装在危险处所内。由于操作需要不可避免地在上述危险处所安装电气设备、电缆时，则应根据相关的船检标准选择合格的防爆电气设备。

# 第六节　LNG燃料动力船舶对环境的影响

**要点**

LNG对环境的有利改善和不利影响。

**必备知识**

LNG是压缩天然气的升级换代产品，具有一次充装量大，行驶里程远，系统低压运行更安全、更清洁等特点。使用LNG加柴油混合动力的船舶，可比单独使用柴油动力节约燃料费用25%左右，碳排放指数更低。

## 一、LNG燃料动力船舶对环境的改善

首先，环保优势。以天然气作为船用燃料，其排放比重油可减少85%~90%的二氧化氮排放量，二氧化碳排放量降低25%，二氧化硫以及颗粒物排放量减少100%。中国以及北欧各国LNG船用燃料的发展将很大程度上取决于各国政府对制定船舶减排碳法规的日益严格，特别是如果对二氧化碳的排放所征收的费用越高，越能促进LNG船用燃料的发展。

其次，以柴油为燃料的船舶机舱油污重、噪声大，改装成双燃料动力后，油污、烟尘和噪声都大幅下降，船员的工作生活环境将得到很大改善。由于装备了智能化的安全监测与处置系统，一旦有可燃气体泄漏，就会自动报警，自动切断天然气管路。启动防爆通风机，隔离储罐与舱室和机舱之间接触的机会，确保船舶运营安全和船员生命安全。此外，采用LNG燃料，即使船舶发生沉没事故，也不会出现由于使用柴油燃料导致大面积水域污染的现象。据测算，江苏苏北运河上3万艘船舶经过改造，使用柴油LNG双燃料动力后，每年可减排硫氧化合物3.1万吨，氮氧化合物3.2万吨，二氧化碳37.5万吨。

总体而言，LNG是清洁能源，基本不含硫化物和微小颗粒等有害物质，并能有效降低氮氧化物和二氧化碳排放量，同时，LNG无色、无味、无毒、无腐蚀性，密度比空气轻，发生泄漏事故时会很快自然气化，不会对水体产生污染。在使用性能上，LNG储能密度大、燃烧柔

和、噪声和振动小，是更为理想的动力系统燃料。

## 二、LNG燃料动力船舶对环境的不利影响

LNG燃料的使用总体上是对环境有利的，但它也存在对环境的不利影响，其主要原因是泄漏的LNG气体造成的温室效应。LNG的主要成分是甲烷，甲烷和二氧化碳一样会造成地球的温室效应，并且其影响远远超过二氧化碳。

## 扩展知识

### LNG温室效应

温室效应是指大气中某种气体的浓度一旦增加，会减少地球长波辐射进入太空的量，因为这些气体会在对流层内拦截较多的长波辐射，这个效应会造成地表温度的升高，能产生温室效应的气体则称之为温室气体。一般认为由于燃烧煤、石油、天然气等产生的二氧化碳是导致全球变暖的罪魁祸首。有研究表明，如果二氧化碳含量比现在增加1倍，全球气温将升高3～5℃，两极地区可能升高10℃，气候将明显变暖。通常用“全球变暖潜值”GWP作为衡量温室效应大小的相对指标，二氧化碳的GWP为1。相关研究得出，甲烷的GWP是25。这是因为大气中已经具有相当多的二氧化碳，以至于许多波段的辐射早已被吸收殆尽了，因此大部分新增的二氧化碳只能在原有吸收波段的边缘发挥其吸收效应。相反地，一些数量较少的温室气体(包括甲烷在内)，所吸收的是那些尚未被有效拦截的波段，所以每多一个分子都会提供新的吸收能力。所以甲烷的GWP远远超过二氧化碳。

为避免LNG燃料动力船舶对环境的不利影响，最主要的措施是控制LNG向大气环境的直接排放。LNG燃料的排放分为意外排放和正常排放。意外排放是指船舶营运过程中由于操作失误、保养不当或船舶事故等造成的LNG燃料的非正常排放。只要船员按规章操作，对设备进行正常保养和维护，避免船舶事故的发生，意外排放是可以避免的。正常排放是指LNG气罐在环境的作用下(热量传递、液体晃动等)，气罐内LNG蒸发，压力上升到一定程度时，安全阀会自动打开，放出部分LNG蒸气以避免气罐超压。特别是在发动机长时间停用时，由于气罐内蒸发气体不断聚集，造成罐内压力不断升高，如果超过设定值，安全阀会自动打开，放出部分LNG蒸气，保持罐内压力不超过设定值。为了减少蒸发气体的产生，在外置式安装的气罐区域使用遮阳板进行遮挡阳光的照射，夏季温度太高时还可以启用气罐顶部的喷淋装置对罐体进行降温。在发动机停用期间应关闭气罐的自增压装置，可根据船舶实际情况定期启动发动机或使用锅炉等燃烧装置，消耗由气罐吸热产生的天然气，保持气罐压力，从而避免蒸发气体的外逸。

# 第二章

# LNG气罐

# 第一节　LNG燃料储存的基本知识

**要点**

LNG燃料储存方式、天然气燃料在船常规布置方式。

## 必备知识

### 一、天然气燃料常压、压缩或冷却储存方式

LNG是液化天然气的简称，常压下将天然气冷冻到-162℃左右，可使其变为液体即液化天然气(LNG)。它是天然气经过净化(脱水、脱烃、脱酸性气体)后，采用节流、膨胀和外加冷源制冷的工艺使甲烷变成液体而形成的。其制造过程是先将气田生产的天然气净化处理，经一连串超低温液化后，利用液化天然气船运送。目前，已形成了包括LNG生产、储存、运输、接收、再气化及冷量利用等完整的产、运、销LNG工业体。

一般气体燃料的液化储存方式有常温压力式、低温加压式、低温常压式三种。

1.常温压力式(全压式)

常温压力式是把气体燃料置于常温下加压使其变成液体状态。这种方式不需设置隔热与低温冷却设备。但有些气体如甲烷、乙烷、乙烯在常温下无论加压压力多高都不会液化，所以LNG气体燃料不采用此储存方式。

2.低温加压式或冷压式(半冷式)

此方式就是把气体燃料进行冷却，降低了其饱和蒸气压力，同时进行加压使其液化。

3.低温常压式(全冷式)

此方式是把气体燃料在大气压下冷却至饱和蒸气温度以下而使其变成液化状态。液化气储存于不耐压的储存舱内，处于常压下的沸腾状态，液舱设计压力一般为0.025MPa。

LNG燃料动力船的燃料储存一般采用第二种方式即低温加压式的方式。储存压力一般为0 ~ 1.0 MPa，储存温度为-162℃ ~ -120℃。

## 二、天然气燃料储存系统的常规布置

作为液化天然气的储存装置LNG储气罐应尽可能布置在露天甲板上，且应尽可能远离机器处所、起居处所、服务处所和控制站以及一些存在火源危险的处所。

目前船用LNG低温储罐大体上分为两种布置形式:甲板(舱外)布置和舱内布置。

1.甲板布置(外置式)

国内外的LNG动力改装船大多是将LNG储罐布置在后甲板上，如图2-1所示，这种布置有很多优点：首先，是出于安全因素的考虑，由于LNG的易燃易爆性，布置在甲板上时，意外泄漏的LNG可以释放到大气中，对船舶及人员危害较小。其次，船舱内一般空间有限，很难有足够的空间来保证储罐的安全布置，而空旷的外甲板能够满足布置要求。而且对于系统中包含空温式汽化器的低温储罐，舱外足够的自然通风有助于空温式汽化器的正常工作。

储罐在甲板布置时需要满足中国船级社的相关要求，其中包括：储罐布置距离船舷不小于760 mm；确保有足够的自然通风，防止逸出的气体积聚;在低于最高液位的连接件下方安装集液盘。此外，还需要保证在船舶遭受撞击时，储罐不会发生泄漏事故。

图2-1　甲板布置式LNG气罐

2.舱内布置(内置式)

相对于甲板布置，船级社对于LNG储罐在舱内的布置要求非常严格，其中，具体要求包括:对于最大工作压力小于1 MPa的LNG燃料可以储存在围蔽处所内。储气罐和相关阀件及管路应位于设计作为发生液体或压缩气体泄漏时充当次屏蔽的LNG动力船舶储罐选型设计及稳压过程的处所内。储气罐的安装应具有安全可靠的固定措施。储气罐应布置在尽可能靠近中线，距离船壳板任何地方不小于760 mm处。

总之，舱内布置需要设有隔离区、防爆装置、专用通风系统以及更多的控制器，而且LNG燃料舱不能设置在可以储藏船用柴油(MDO)的位置(比如翼舱)，并且所需的体积是储存船用柴油的很多倍。 对于容积较大的LNG储罐，一般船舱将很难满足其布置要求。综合考虑，在外甲板有足够空间，能够满足储存条件并能够保证安全的情况下，应尽可能将储罐布置于甲板上，这也是当前国内外主要采取的布置方式。

就LNG改装而言，储罐安装在露天甲板上不仅布置方便，同时也无须考虑一些系统通风要求，并且能尽可能远离机器处所、起居处所、服务处所和控制站以及一些存在火源危险的处所。

## 扩展知识

### LNG储罐及管路布置技术要求

LNG储气罐及其管路的布置还要考虑船舶可能发生的碰撞、追尾、靠泊等对气罐造成的异外损坏。若LNG储气罐布置在船舶尾部的露天甲板上，气罐的有效容积应不大于20 $m^3$，其罐体与船舶尾端甲板线所连成的切线与甲板水平线形成的夹角不应大于50°（如图2-2所示），且储气罐距离船舶两舷的距离不应小于760 mm的安全距离。

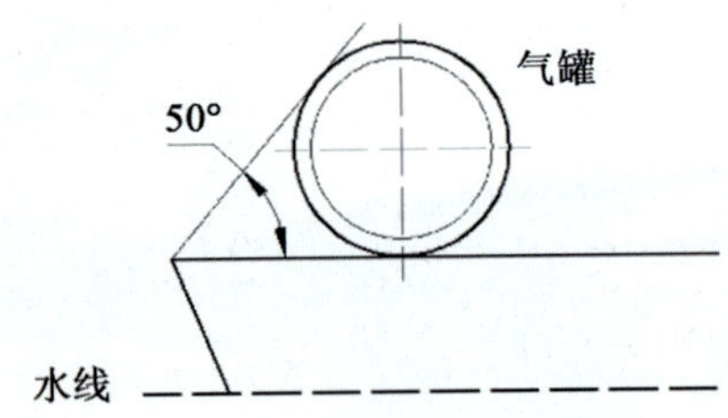


图2-2　LNG储罐布置示意图

支撑LNG储气罐罐体的结构必须具备足够的强度要求，设计部门应进行详细的计算，保证在任何条件下LNG储气罐不会发生受损、位移、变形等事故。相关的管路布置也应该保证在任何情况下不发生受损。

LNG储气罐与船体应进行有效连接，当LNG储气罐与船体之间采用绝缘方式固定时，储气罐与船体之间应进行有效的电气连接。

储气罐的压力释放阀应尽可能靠近储气罐，且排气口通常应布置在露天甲板以上一定距离，一般不小于3 m，且与含有火源的围蔽处所的进气口应尽量远离，一般水平距离不小于5 m。

# 第二节　LNG气罐的类型和结构

**要点**

C型LNG气罐的优点及结构特点。

**必备知识**

## 一、LNG气罐的类型

存放的液态天然气气罐相当于柴油机燃油系统的燃油日用柜。柜容大小根据船舶动力和续航要求设计。根据液化天然气的特征，储气罐必须具备保温、承压、充装、释放、安全泄放等功能，同时内壁和外壳材料必须满足钢制气罐的要求。

国际上LNG储存舱有A型、SPA型、C型独立燃料舱、薄膜型燃料舱，其中C型独立燃料舱容易成型，耐压能力高，加工方便并且有较好的结构尺寸，便于安装，无气体泄漏、无须维护费用等，但只适用于操作压力不高的场合。LNG目前大多采用低温常压储存，因此C型储罐普及率更高。如图2-3所示为20 $m^3$的C型独立储存罐。

图2-3　C型独立储存罐

## 二、LNG气罐结构

LNG燃料动力船的储罐一般使用固定式低温储罐，采用真空粉末绝热方式。其储罐为双层结构，内容器用低碳奥氏不锈钢（牌号为06Cr19N10或进口304钢板）制成，允许的最低设计工作温度为-196℃。外壳(即夹套)用压力容器用钢板(牌号Q345R)制造。

在内容器与外壳之间的夹层采用高真空多层缠绕绝热形式。保温层采用多层铝箔纸和玻璃纤维纸,封结真空度达到$3\times10^{-2}$ Pa。容器内壁与外壳之间用多个环氧玻璃钢支撑,采用玻璃钢的原因是玻璃钢具有优良的绝热效果且强度足够。

内容器设置防浪板,保证储罐在船舶航行中的稳定,减小罐体晃动的影响。对于容积不大于20 $m^3$的小型LNG气罐,每个防波段的容积一般不大于7.5 $m^3$;对于大型LNG气罐,防波板的间距应不大于4 m 。管道与壳体的连接能经受内容器及管道自身的热胀和冷缩引起的应力作用。储罐的主要管口阀门和仪表(压力表、液体计等)布置在罐体一侧封头的正面,管路及阀门的排列整齐,操作及维护方便。如图2-4所示为液化天然气储罐的结构简图。

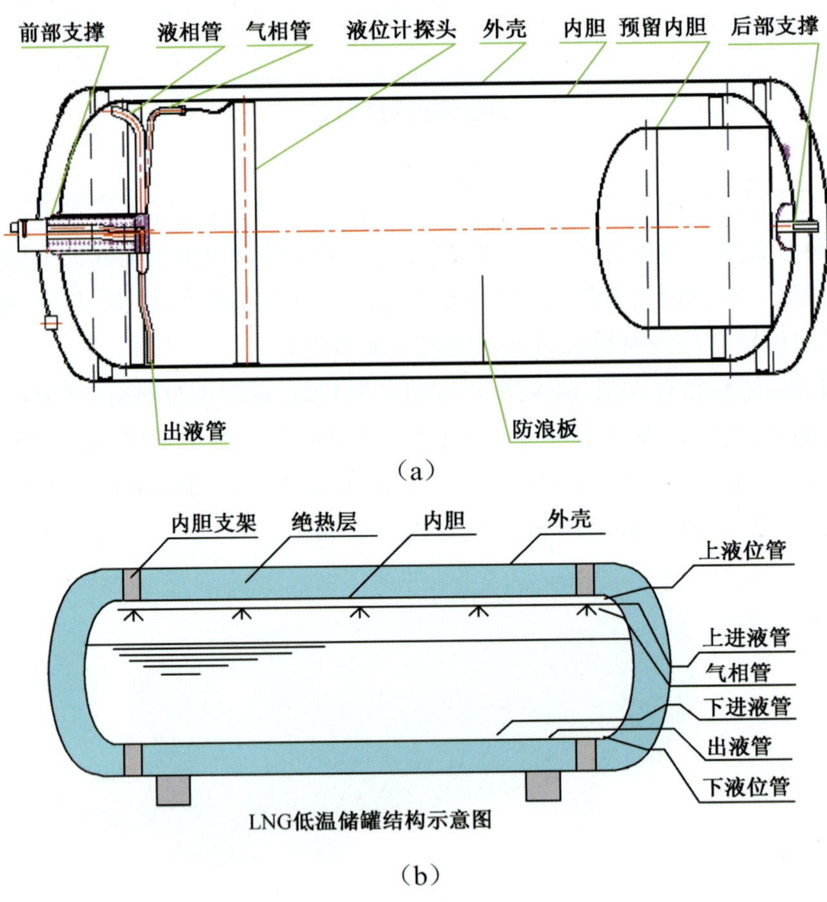


图2-4　液化天然气储罐的结构简图

# 第三节　LNG气罐的安装和防护

**要点**

LNG气罐安装防护要求。

**必备知识**

## 一、《天然气燃料动力船舶规范》对安装在开舱甲板上的气罐的安装和防护要求

对于内河船舶，气罐及其附件应布置在距离舷侧不少于*B*/10(*B*为船宽，m)的位置。对于除多体船以外的船舶，气罐位置距离舷侧可少于*B*/10。任何情况下，气罐及其附件与舷侧距离不应少于0.8 m。

(1)气罐及其附件的布置应确保足够的自然通风，以防止逸出的气体积聚。

(2)气罐应进行有效防护，以防止机械损伤。

(3)对于双层真空绝热型气罐，外壳应使用耐低温材料，其设计温度至少应与内壳相同，防止LNG泄漏对气罐外壳可能造成的破坏。

(4)对于双层真空绝热型气罐，当内壳上所有开口均高于气罐的最高可能液位时，外壳可适当降低要求。

(5)对于存在LNG泄漏风险的位置，应在其下方设置集液盘。集液盘应采用耐低温材料制成，其所在位置应进行有效的隔热，以保证LNG泄漏时，船体或甲板结构不会遭受过冷。

(6)可用气罐连接处所替代集液盘。

(7)如气罐布置在船体尾部甲板上，应采取适当的保护措施，以防止船舶追尾对气罐造成损坏。

## 二、气罐的安装

气罐通过鞍座与船体连接，鞍座与气罐的外筒焊接在一起。鞍座要求具有足够的强度与刚度，以承担气罐重量和罐内液体重量以及各种冲击力的作用。在鞍座与气罐的外筒之间加设覆板可有效地改善气罐的应力状况，特别是对大直径薄壁罐体，在鞍座平面处的周向应力通常很大，为了降低该处的周向应力，设置覆板是极其有效的。覆板可配置在气罐内侧和外侧，覆板截面形状通常有矩形、T形（L形）及工字形。覆板作为受力构件，与鞍座和筒体焊成一体而不可拆，截面上的周向应力由圆筒体与覆板的组合共同承受。鞍座包角的大小与鞍座处筒体上的应力有直接关系，因此，一般采用150°以保证在静横倾角30°时仍能对气罐有合理的支承。

为了防止热胀冷缩以及由于筒体及物料重力使筒体弯曲等原因对货罐引起附加应力，双支座中将一个支座固定，另一个为可移动的。通常为了避免对其他设备的影响，将各种阀门集中的一侧的支座设置为固定的，而且由于气罐与船体温差可达150℃且有隔热绝缘问题，所以对固定支座及滑动支座的要求较高，一般采用层压木并填满环氧胶泥，并在滑动面上垫不锈钢皮，通过润滑剂实现滑动，同时活动支座的基础螺栓孔应开成长圆孔，长轴沿筒体的轴线方向，为使活动支座灵活地移动，有时还可采用滚动支座。

此外，气罐处于极低温的运载环境，支座结构温度可选-20℃，甚至更低，而与液罐相连的边舱结构的温度也会达到0℃以下。因此，要根据温度场的分布来确定各个结构的材料及选用钢级以适应低温环境，避免发生低温脆性破坏。

## 三、气罐的安全防护

为了减少蒸发气体的产生，燃料气罐在船上使用时应尽可能合理地保持阴凉，安装的位置应远离一切热源，同时，为了对气罐进行安全监控和保护，气罐在安装时一般有如下要求：

（1）如果气罐安装在舱面，应安装水雾系统，主要用于冷却、防火以及船员防护。在气罐附近应至少设置2具容量不小于5 kg的手提式干粉灭火器，在气罐的充装站应设置固定式干粉灭火系统或大型推车式干粉灭火设备。

（2）如果气罐安装在舱面，须保护气罐不受到热辐射，包括强烈阳光照射。一般为避免遭受阳光直射，在气罐的上方架设遮阳棚。夏天环境温度太高时，可以打开气罐上方的水雾喷淋系统对气罐的外壁进行冷却。

（3）在气罐的安装处所安装有可燃气体探测装置，以及固定式自动探火和失火报警系统。

（4）气罐底部有隔垫以防止其直接接触钢制甲板，其安装形式和楔垫能防止容器移动。

（5）如果气罐在舱内安装，须安装在有机械通风装置的船舱内。机械通风进风口和出风口的布置应保证有足够的空气流经该处所，避免易燃蒸气的聚集。须采取足够的措施，防止泄漏的气体经过入口处或舱壁其他开口或通风管进入生活处所、机舱和其他工作区域。

# 第四节　LNG气罐的附件

**要点**

LNG气罐附件的作用和使用方法。

## 必备知识

### 一、LNG气罐附件概述

LNG动力船舶以LNG为燃料，由于LNG所具有的超低温、易挥发等特殊性，使其存储设备相对于其他压力容器也有很多特殊要求：耐低温、安全性高、绝热保温性能好。

为了在LNG动力船舶上实现LNG燃料的加装、储罐内压力的控制、从储罐向发动机输送燃气以及对储罐进行安全保护等操作，LNG低温储罐的罐体都装有多种操作管路和仪表等部件，通过对管路上阀件的控制，实现上述操作，如安全阀、加注阀、液位计、自增压器等。

图2-5所示为LNG储罐附件系统图，从表2-1中可见各元件的名称、工作状态等信息。它由以下几种不同功能的附件组成。

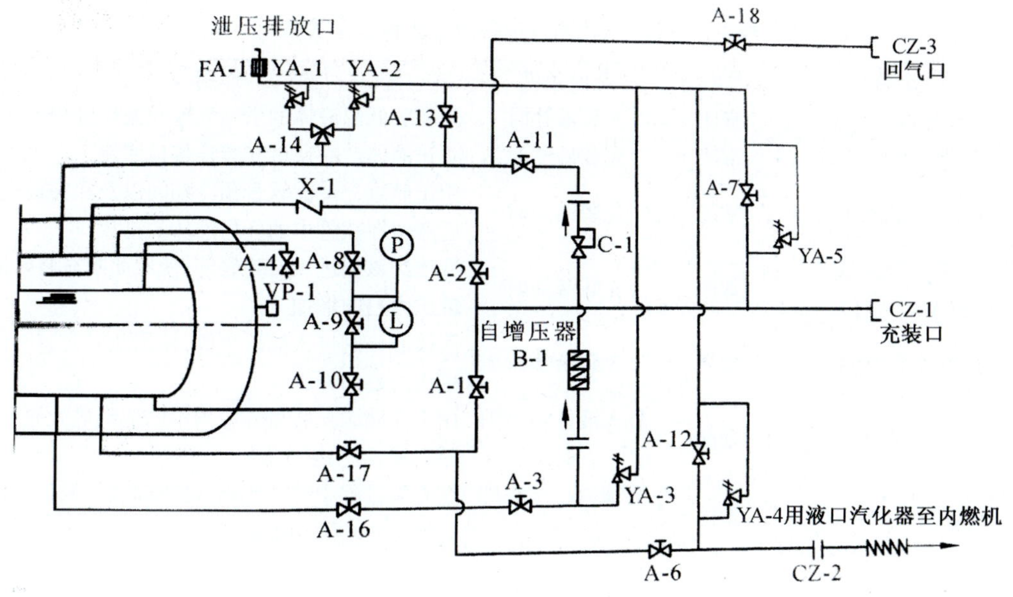


图2-5　LNG储罐附件系统图

1.燃料加注附件

气罐燃料加注系统包括充装接口CZ-1，底部加注阀A-1、A-17，顶部加注阀A-2，X-1，用于检查液体将要加满时的溢流阀A-4。

2.燃料系统附件

气罐燃料输出系统包括阀A-17、A-6，出口法兰CZ-2和汽化器。

3.安全保护附件

内筒的安全保护系统包括安全阀YA-1、YA-2，气体排放阀A-13，三通转换阀A-14；管路保护系统包括管路安全阀YA-3、YA-4、YA-5，残液释放阀A-7、A-12；系统中还设有阻火器FA-1。

4.自增压附件

气罐的自增压系统由阀A-16、阀A-3、自增压器B-1、增压阀C-1、阀A-11组成。

5.压力和液位监测附件

气罐的压力和液位显示系统包括液位计气相阀A-8、液位计液相阀A-10、液位计平衡阀A-9、液位计L和压力计P。

6.气罐的真空系统附件

内外筒之间的真空系统的附件包括抽真空装置VP-1等。

7.其他装置

回气阀A-18(可以向厨房或其他用气设施供气)、回气法兰CZ-3。

为减小船员的劳动强度，便于气罐的操作，新的LNG气罐设计变得更加合理，在正常使用时，无须频繁地开、关阀，只需对其定期检查即可。如表2-1所示为LNG气罐附件中各阀功能和工作状态。

表2-1　LNG气罐附件中各阀功能和工作状态

| 序号 | 名称 | 工作状态 | 开启条件 | 作用 |
|---|---|---|---|---|
| 1 | 充装口(CZ-1) | 常闭 | 充装液体时 | 与装载低温液体的供气气罐充液软管相连接 |
| 2 | 充装止回阀(X-1) | 常闭 | 充装液体时 | 防止液体产品通过充装连接口回流 |
| 3 | 残液排放阀(A-7) | 常闭 | 充装结束时 | 用于储罐充装前软管预冷期间以及在完成充装后滞留在软管中的任何液体的排放 |
| 4 | 底部充液阀(A-1、A-17) | 常闭 | 充装液体时 | 液体经该阀进入储罐底部，使用此阀充装时储罐压力趋向增加 |
| 5 | 顶部充液阀(A-2) | 常闭 | 充装液体时 | 液体经该阀进入储罐顶部，使用此阀充装时储罐压力趋向减少 |
| 6 | 溢流阀(A-4) | 常闭 | 装入液体将至满时 | 用于在储罐充装过程中指示已达到最大允许液面高度，应结束充装。 |
| 7 | 放空阀(A-13) | 常闭 | 气罐内超压时排放 | 在充装过程中打开此阀，储罐向大气排放气体以保持要求的储罐压力 |

（续表）

| | | | | |
|---|---|---|---|---|
| 8 | 汽化器入口阀（A-6） | 常闭 | 开始向发动机供气时 | 为了把液体转变成气体产品，允许液体从储罐流到汽化器 |
| 9 | 增压器液相阀（A-3） | 常闭 | 增压时 | 允许液体产品流入储罐增压系统 |
| 10 | 增压泄放阀（YA-5） | 常闭 | 超压时 | 当压力超过阀的设定值时自动泄放，降低增压系统的压力 |
| 11 | 增压调节阀（C-1） | 常闭 | 内部压力低于使用压力时 | 为保持储罐内压力设定值，自动控制通过增压系统的液体流量 |
| 12 | 增压器出口阀（A-11） | 常闭 | 增压时 | 经增压器汽化后的气体通过此阀进入储罐气相空间 |
| 13 | 增压器（B-1） | —— | 气罐自增压时 | 用作把液体转变成气体的空温式热交换器以保持储罐中的运行压力 |
| 14 | 内筒安全阀（YA-1、YA-2） | 常闭 | 超压时（开启压力1.2 MPa） | 当超过储罐的最大工作压力，达到安全阀设定压力时，安全阀开启泄放气体，从而自动降低内容器压力 |
| 15 | 液面计（L） | —— | —— | 指示储罐中液面高度，套装换算成产品的重量或体积 |
| 16 | 液位计气相阀（A-8） | 常开 | 液位计检修时关闭 | 把液面计和压力计与储罐气相（顶部）隔离 |
| 17 | 液位计液相阀（A-10） | 常开 | 液位计检修时关闭 | 把液面计和压力计与储罐液相（底部）隔离 |
| 18 | 液位计平衡阀（A-9） | 常闭 | 吹扫或液位计检修时 | 用来平衡液面计高端和低端之间的压力 |
| 19 | 压力计（P） | —— | —— | 指示内容器的压力 |
| 20 | 抽真空阀（VP-1） | 常闭 | 维修时 | 用来连接真空泵对储罐绝热空间抽真空或对绝热空间真空封结 |
| 21 | 管路安全阀（YA-3、YA-4） | 常闭 | 超压时 | 当气罐燃料供气管路超压时排放 |
| 22 | 回气阀（A-18） | 常闭 | 充装液体时回气 | 充装LNG液体时平衡罐内压力 |

如图2-6所示为实船LNG气罐部分附件外观图。

图2-6　实船LNG气罐部分附件外观图

## 二、燃料加注附件

燃料加注附件由充装接口CZ-1、底部进液阀A-1、顶部进液阀A-2、底部进液时紧急切断阀X-1、顶部进液时紧急切断阀X-3、充装液体时平衡罐内压力的回气接口CZ-3、回气阀A-18等组成。

充装接口CZ-1附近的加注管底部一般装有残液泄放阀,泄放阀下设有固定或移动的不锈钢集液盘,防止泄漏的液体对甲板造成低温损害。虽然加注管系中设有管路安全阀YA-3、YA-4,加注结束后还是要对加注管中的液体进行吹扫或泄放,以防加注结束后留存在管系中液体气化后对管系或阀门造成损害。

LNG充装接口目前主要有两种形式。一种是加液枪式,如图2-7所示,多用在陆地上对LNG燃料动力汽车的充装,有时用槽罐车对船舶进行加注时也采用该设备,这时船舶的加注系统需要安装与加液枪相匹配的止回接头(多为软管)。另一种是法兰式,LNG燃料动力船舶的建造规范要求必须使用标准的充装法兰,充装总管标准接头法兰密封面型式应为凸面,其标准的尺寸大小如下:外径$D$为210 mm,内径为100 mm,螺栓圈直径$K$为170 mm,法兰厚度是20 mm,8个M18的螺栓和螺帽。法兰、螺栓螺母以及紧固件应设计为以不锈钢或其他同等材料制成,应能承受设计温度和设计压力。密封圈材料应能承受设计温度和设计压力,且能绝缘。

图2-7　LNG加注枪

## 三、安全保护附件

气罐设有两个并联的、用来保护内置压力容器的全启式安全阀YA-1、YA-2(图2-8)。船用LNG气罐在设计制造时充分地考虑了它的安全性、可靠性和耐用性。气罐内容器的安全阀是在内容器压力过高时释放部分工质,以降低容器内的压力,使之保持在设定压力以下。安全阀的设定压力略高于内容器的工作压力,但不超过内容器的设计压力。安全阀参数不得随意改动;否则会造成安全事故。安全阀前的三通转换阀A-14正常情况下使两只安全阀均处于接通状况,如果一只安全阀工作不正常或由于其他原因需要对其隔离时,可以转换三

通转换阀将其关闭。除了两只并联的安全阀外，系统中还设有一只与安全阀并联的气体排放阀A-13，可以在应急的情况下打开此阀将气罐顶部的气体放出以减小气罐的压力。

在燃料气罐的外壳上部设有防爆盖FB-2，可以防止真空夹层的真空丢失而导致的压力过高，从而确保外壳的安全。一旦由于某种原因导致气罐的内容器发生泄漏，泄漏的气体或液体（液体会很快气化）会很快导致内外容器之间的夹层空间的真空度消失，进一步则使该空间变成正压状态。如果压力进一步升高，则可能使外容器处于非常危险的情况。在这种情况下，防爆盖FB-2将会弹开，将气体释放出去，避免压力继续升高，从而保护了外容器的安全。

在气罐附件的每相邻两个阀如果同时关闭，两个阀之间的管路可能导致管内的液体气化而导致压力剧增，则需要在管路上设置管路安全阀，如图2-5中的YA-3，YA-4。图2-9是其外形和结构图，由于管路吸热一般都比较缓慢，而且管路安全阀需要保护的管路体积一般不大，所以这种阀的尺寸比较小。

图2-8　内置压力容器的全启式安全阀

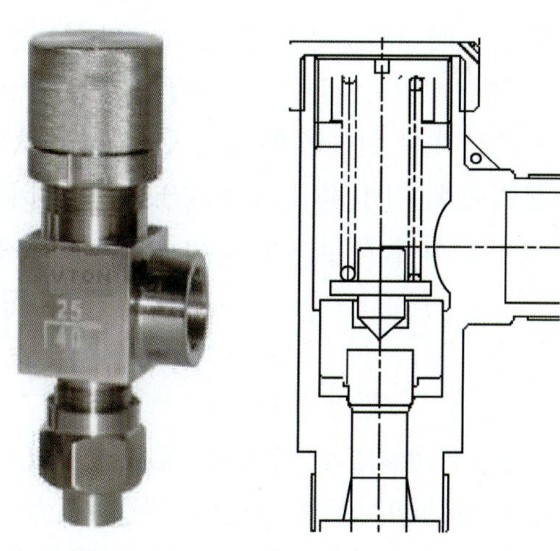

图2-9　管路安全阀外形和结构图

## 四、自增压及压力调节附件

低温储罐的出液以储罐的自压为动力，该系统设置了维持工作压力稳定的自动升压和降压调节装置。如图2-10所示，在储罐的下面设有一个增压气化器和一个升压调节阀（增压阀），上部设有一只降压调节阀（减压阀）。

增压气化器是空温式气化器，它的安装高度要低于储罐的最低液位。增压阀与减压阀的动作相反，当阀的出口压力低于设定值时打开，而压力回升到设定值以上时关闭。

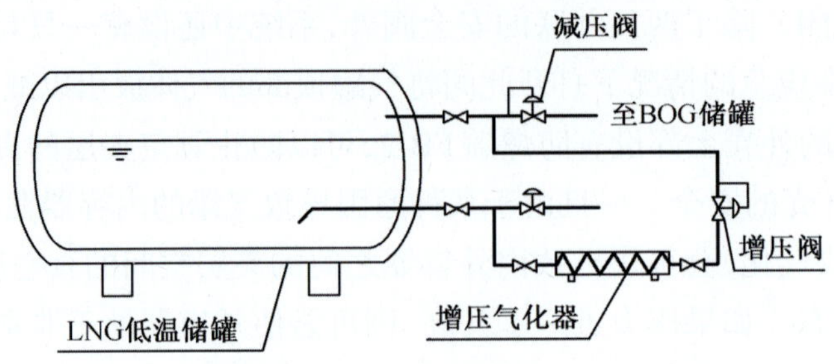

图2-10　LNG自增压系统

压力调节过程如下：液体送出后，液位下降，气相空间增大，导致罐内压力下降。因此，必须不断向罐内补充气体以维持罐内压力不变，才能满足工作要求。当罐内压力低于增压阀的设定值时，增压阀打开，罐内液体靠液位差缓慢流入增压气化器，液体气化产生的气体经增压阀和气相管补充到储罐内。气体的不断补充使得罐内压力回升，当压力回升到增压阀设定值以上时，增压阀关闭，这时，增压气化器内的压力会阻止液体继续流入，增压结束。在LNG燃料的使用过程中，如果罐内压力高于降压调节阀（减压阀）的设定值则打开，系统通过减压阀优先使用气罐顶部的天然蒸汽，从而降低气罐内部的压力。当罐内压力降至减压阀设定值时则关闭，防止气罐内压力进一步降低影响系统工作。这样正常工作时，罐内的压力一般不会升至安全阀的开启压力，从而避免蒸发的气体被直接释放造成浪费和环境污染。

## 五、压力和液位监测附件

压力表P1（如图2-11所示）的接口通过气相管与气罐上部的空间相通，显示的是气罐内容器中的压力，同时，系统中还设有气罐压力远程监视系统，用以远程显示气罐中的压力大小，并将其与报警系统相连，在气罐压力过高或过低时提供压力报警。图中使用压力变送器P2感应气罐内压力的大小，压力变送器通过接管J-2与系统中的气相管相通。

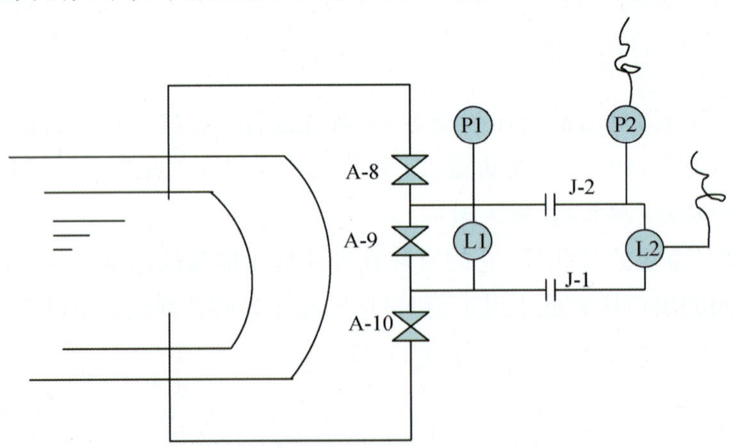

图2-11　压力和液位监测附件示意图

压力变送器多采用金属应变片式压力传感器(如图2-12所示),金属应变片式压力传感器是在一片很薄的金属片上设置电阻丝,当压力改变时金属片的尺寸发生变化,从而导致电阻丝的电阻发生变化,通过电桥电路将电阻的变化转变为电压的变化,从而感应出气罐的压力值。

液位显示系统(如图2-11所示)由液位显示仪L1、液位计液相阀A-10、液位计气相阀A-8、液位计平衡阀A-9、液相远距离变送器接口J-1、气相远距离变送器接口J-2、液位变送器L2等组成。

正常使用时,压力表P1的截止阀应全开,液位计液相阀A-10和液位计气相阀A-8应全开,液位计平衡阀A-9应关闭;在不知液位计阀门状态的情况下,应先打开平衡阀,再打开液位计液相、气相阀,最后再关闭平衡阀,液位计即可进入使用状态。严禁在平衡阀关闭的情况下仅开气相阀或仅开液相阀;否则会损坏仪表。

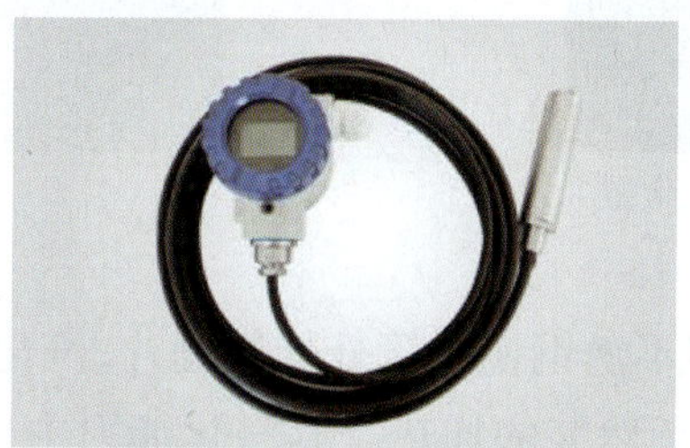

图2-12 压力传感器

## 六、气罐真空保温系统

燃料气罐的内、外容器之间的夹层主要起隔热保温作用,一般有两种典型的保温系统的构造形式,一种是在内容器外壁缠绕数十层高绝热性能的铝箔纤维纸,另外一种是在夹层中填充隔热的珠光砂。两种形式都将此夹层空间抽成高真空,从而达到优良的绝热性能。

在燃料气罐的外壳下部设有检测抽空度的测量装置VR-1和用于维修时抽真空的装置VP-1。由于燃料气罐为真空绝热型(一般的燃料气罐真空设计寿命为两年),任何真空度降低或损失都会使气罐出现不正常的快速升压,这时应及时中止装置操作,并向气罐生产厂家咨询如何对燃料罐做真空度测试和检修。如果使用的过程中出现其他异常情况,例如外壳表面出现冷冻颗粒、结霜或冷凝等迹象(一般是由于内容器泄漏所致),也应及时向气罐生产厂家咨询,以确定真空度的完整性。由于检测真空度和抽真空等工作需要专门的仪器设备和一定工作经验,一般由生产厂家的专业人员做相关的维修保养工作,船员日常只需要检查其外观的完整性。

## 七、汽化器

汽化器将液态天然气转变成气态天然气,同时随着液体的汽化使燃料压力升高,为燃料提供动力从而克服管路阻力供应到动力系统中。目前国内LNG燃料动力船普遍采用空温式或水浴式两种气化方式,如图2-13和图2-14所示。

图2-13 空温式汽化器

图2-14 水浴式汽化器

空温式汽化器结构采用不锈钢换热管外加铝翅片，汽化器的内部进口为液态天然气，外部为空气，空气起到对液态天然气的加热。其汽化能力主要决定于换热面的大小。空温式热交换器结构形式简单，其缺点是环境温度较低时热交换器表面易结霜导致供气不足。

水浴式热交换器一般利用发动机的废气或缸套水加热循环水，再用热的循环水在热交换器中加热液态低温的LNG，使之汽化。水浴式热交换器虽然结构较复杂，但由于发动机工作时废气或缸套水的热源比较稳定，所以它的供气也比较稳定。当水泵出现意外失电或故障时，要求开关电磁阀迅速关闭，以免液态气体进入机体。

## 八、气罐紧急关闭系统

当发生紧急情况时(如燃气管道泄漏，火灾等)，可以通过操纵遥控紧急切断阀将气罐的各个与外界相通的主要管系进行关闭，使液体或气体不能从与罐体相通的管路中流出，而切断了液体的流出源。应急切断阀属于故障关闭型，当控制动力消失后，阀会自动关闭。

应急切断阀阀体部分(如图2-15所示)采用与低温阀一样的阀座和阀杆结构，控制阀杆开启和关闭是靠上部的控制部分。如果膜片的下部通入压缩空气，空气的作用力克服弹簧的张力，使膜片升起，从而带动与膜片安装在一起的阀杆上移，将阀打开。如果膜片下部的压缩空气被释放，膜片在弹簧张力的作用下落下，带动和膜片安装在一起的阀杆下移，将阀关闭。在需要紧急关闭的场合下，如果遥控装置失灵导致应急切断阀无法关闭，可以利用切断阀的阀柄将其直接关闭。

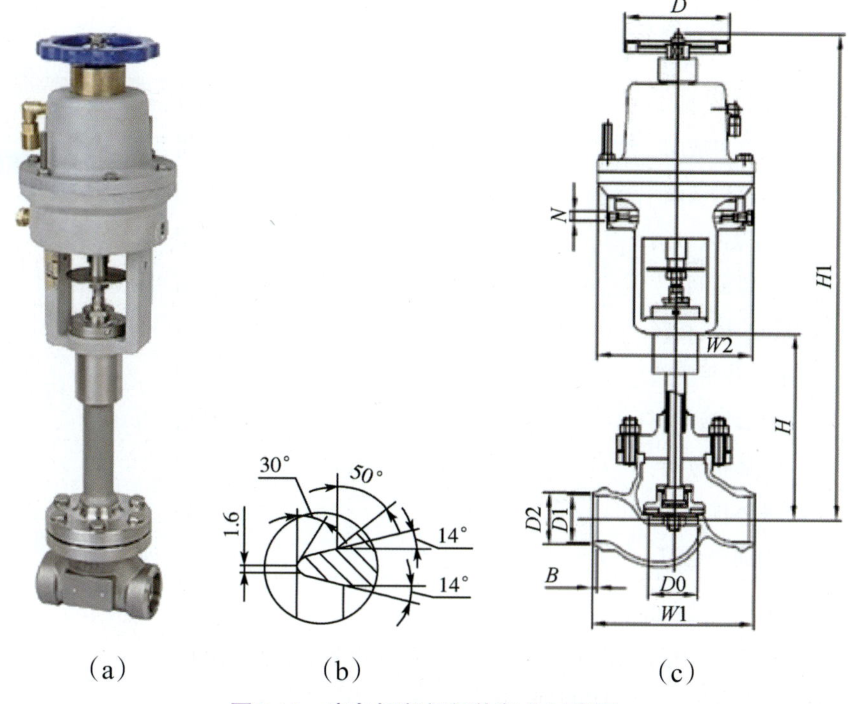


(a) (b) (c)

图 2-15 应急切断阀阀体部分示意图

# 第五节 LNG气罐的安全操作程序

**要点**

LNG气罐启用、惰化、预冷、正常使用的操作程序。

**必备知识**

## 一、启用和惰化

新造、检修或停用后的LNG低温储罐在使用前，应先进行氮气置换或抽真空处理，当含氧量小于等于0.3%时，方可进行充装使用。气罐启用前各阀门工作状态如表2-2所示。

表2-2　启用前气罐阀门状态

| 阀门名称 | 启用前状态 |
| --- | --- |
| 底部进液阀 | 关闭 |
| 顶部进液阀 | 关闭 |
| 增压器入口阀 | 关闭 |
| 溢流阀 | 关闭 |
| 液位计气相阀 | 开启 |
| 液位计平衡阀 | 关闭 |
| 液位计液相阀 | 开启 |
| 气体排放阀 | 关闭 |
| 液体排放阀 | 关闭 |
| 内筒安全阀 | 关闭 |

用氮气进行惰化程序如下：

(1)将压力≤0. 35 MPa的氮气气体吹扫源接到燃料罐充装接口。

(2)开启底部进液阀、应急切断阀，让气体流入燃料罐中。

(3)当燃料罐内的压力达到最大吹扫压力时，关闭供气源底部进液阀。

(4)打开气体排放阀，把燃料罐压力降至0.035 MPa，关闭气体排放阀。

(5)重复吹扫工艺步骤(2)～(4)，至少5次直至含氧量小于等于0. 3%，置换工作达到要求。

用氮气进行惰化处理后需要做含氧量分析，含氧量不得超过0.3%；否则，决不允许充装。内容器中如有空气，充装时有可能发生天然气与空气的混合气体达到爆炸极限而爆炸。另外，空气中含有大约0. 03%的二氧化碳，如果没有将其从系统中驱除，当温度降到-60℃时二氧化碳将会冷凝并产生会堵塞阀门、喷嘴和滤网的白色粉末，所以必须严格执行启用前的惰化工作。

## 二、预冷

在首次进行LNG充装前，需要对LNG低温储罐进行预冷操作，预冷一般使用液氮或LNG进行，以喷淋方式进入储罐降温，并且预冷过程需要缓慢多次进行，同时需要注意储罐内压力的变化。预冷的目的是检验和测试气罐等低温设备和管道的低温性能，包括：(1)检验低温材料质量是否合格；(2)检验焊接质量；(3)检验管道冷缩量和管托支撑变化；(4)检验低温阀门的密封性；(5)使气罐达到工作状态，测试气罐真空性能。

预冷前准备工作：准备所需的液氮槽罐车、便携式测温仪、便携式可燃气体测试仪，以及工作人员所需的工作服、工作鞋、防冻手套、记录表格等。

预冷操作程序:

(1)检查卸车软管完好状态,管内无雨水、垃圾等杂物,将软管连接到液氮槽罐车上并检查连接是否牢固。

(2)将槽车压力升高,打开槽罐车气相阀门和气罐底部充装管路的残液排放阀,吹扫软管中的空气并检查软管有无泄漏,吹扫完毕关闭其两阀。

(3)打开气罐底部进液阀,慢慢打开槽车的气相阀,向气罐内缓慢充入低温氮气。

(4)同时打开液位计、压差变送器末端的放残阀,对其充分吹扫,避免出现冰堵。

(5)待气罐内压力升至0.2 MPa时停止液氮充入,气罐保冷15 min后打开气罐放空阀排空氮气,再重复以上步骤进行预冷。

(6)预冷操作控制技术参数:进液速度3 $m^3$/min,进液温度低于-80 ℃,冷却速率在50℃/h,预冷时间为4~5小时;气罐压力为0.3~0.55 MPa。

(7)用测温仪测定气罐内部温度,达到预期温度值时(通常是-60 ℃),气罐第一步预冷工作结束。

(8)用液氮进行第二步预冷,首先将气罐压力放空至微正压,关闭底部进液阀,上部进液阀开启状态。

(9)关闭液位计平衡阀,将液位计投入使用。

(10)缓慢打开槽罐车液相阀较小开度,压力保持在0.3MPa ,并缓慢关小槽罐车气相阀。

(11)当气罐内压力升至0.2~0.3MPa时,停止液氮充入,打开气罐手动放空阀泄放;然后再反复液氮预冷操作。

(12)通过气罐溢流阀放出的气体,测量温度达到一定值时或液位计显示有液位时,打开气罐下部进液阀,上下同时进液。

(13)气罐液位达到20%总容积时,进液结束。

(14)收尾扫线工作,拆除软管,相关阀门关闭。

(15)利用气罐内的液氮对热交换器、管道等进行预冷。

(16)全面检查气罐及其供应系统,确保安全,液氮在气罐内放置2~3天,注意气罐内压力变化情况,系统有无泄漏,定期检查记录。

## 三、初装

预冷后首次充液时,应先打开气体排放阀(A-12),放空气罐内的液氮。当气罐的压力降至比大气压力稍高时将排放阀关闭。

首次充装操作程序如下:

(1)打开气罐气体排放阀放空气罐内用来预冷的液氮,泄放至罐内压力稍高于大气压力时关闭排空阀。

(2)接好静电接地装置。

(3)接好充装软管,利用氮气对充装接口和回气接口吹扫置换。

(4)检查气罐所用的管道和接头是否牢固,阀门开关状态是否正确,确认压力表和液位计处于工作状态。

(5)从气罐回气接口引入部分天然气,从下部充装接口或残液排放阀泄放置换出剩余氮气。

(6)置换结束后,打开上、下充装阀,上下同时充装。

(7)充装至储罐的50%以上容积时,应关闭顶部进液阀;当充装到储罐容积的85%时,应关闭底部进液阀,并停止充装3 min以使罐内液面平静;然后打开底部进液阀继续充装,直到有液体从充满溢流口阀流出时,立即关闭充满溢流口阀,停止充装及关闭底部进液阀。

## 四、再充装程序

(1)储罐在首次正式充装后,进行再充装时,储罐内的气相压力尽可能减低。

(2)上、下同时充装,当液位表显示约50%满时,应关闭顶部进液阀,当充装到储罐容积的85%时,应关闭底部进液阀,并停止充装3 min,以使罐内液面平静;然后打开底部进液阀继续充装,直到有液体从溢流阀排出时,关闭溢流阀停止充装,同时关闭底部进液阀。

(3)在充装过程中观察压力表、液位表(如果压力上升至高于充装输送压力或接近安全阀压力,必须打开气体排放阀将储罐内的气相进行适量排放)。

## 五、排空

当气罐由于维修或其他原因需要将燃料排空时,需要将放空的气体送回到加注站的储气罐或者排放到其他安全地点。操作时可以连接回气接口至加注站储气罐,利用船舶气罐和加注站储气罐之间的压差将燃料排空。操作时需要保持气罐的自增压系统正常工作,以维持气罐中必要的压力。

应急情况下需要排空气罐中的燃料时,可以打开手动气体排放阀,将气罐中的燃料放空,直到气罐的压力表(Pl)显示的读数为0为止。

燃料排空后,如果需要对气罐相应的部件进行拆检,在拆检之前还需对系统进行氮气置换的操作。拆检后再次投入使用之前,同样也需要再次进行氮气置换的操作。

## 六、正常使用的操作程序和压力控制

LNG气罐充装结束后,需调整其压力保证供气正常。一般要求气罐压力比动力系统所需燃气压力至少高0.1 MPa。压力调整如下:

(1)调整增压调压阀,使其设定压力高于供气系统压力,同时调整降压阀,使其设定压力与供气系统压力一致。

(2)打开紧急切断阀,慢慢打开增压器入口阀,使燃料罐内的压力升高,直至气罐压力比动力系统所需燃气压力高至少0.1 MPa为止。

(3)当压力表显示不高于0.65 MPa时,使用液相,打开底部进液阀(紧靠罐体的)。LNG经汽化器转化为天然气进入内燃机供气管线。

(4)当压力表显示压力小于0.6 MPa时,在使用过程中要同时打开自增压系统(即开启增压输入阀和增压输出阀)。

(5)压力表显示压力高于0.65 MPa时,使用气相,这个过程压力会下降很快,当压力表显示压力低于0.65 MPa时,切换到液相使用。

现在的气罐设计能够尽量减少船员的操作,实现自动增压和减压,从而维持压力稳定。如图2-5所示,正常使用时保持自增压器B-1的阀A-3开启,将阀C-1调整至储气罐需要保持的工作压力,当内容器的压力降低到阀C-1的调定值时,阀C-1就会打开,液体就会自动流入自增压器B-1,在其中进行热交换,液体沸腾变成气体,从而使内容器气体量增加,容器内的压力便会随之上升,当压力高于阀C-1的调定值时,阀C-1自动关闭,从而防止压力继续升高。系统在正常用气的过程中,如果内容器中的压力高于自动降压阀C-2的设定值,则阀C-2将会自动打开,经过单向阀CV-2向供气系统供气,从而减少内容器中的气体量,使其压力降低。当压力降低到阀C-2的调定值时,阀自动关闭,从而防止压力进一步降低。

# 第三章

# 气体燃料供应系统

# 第一节　气体燃料管系的功用和组成

**要点**

LNG气体燃料管系组成装置、阀件。

**必备知识**

## 一、气体燃料管系的功用

气体燃料管路系统是指为船舶动力提供气体燃料的系统，包括从气罐出口到动力装置之间的存储装置、输送管路、汽化装置和各种附属阀件。它具有以下功能：

（1）根据动力系统负荷的要求输送合适数量和物理状态的气体燃料。

（2）实现低温液体的充装与输出。

（3）正常与应急泄压及残液排放，正常使用的输出和罐内压力自动调节。

（4）阻火功能：利用装在管路中的阻火器防止发动机的高温高压火源的倒冲，避免酿成火灾事故。

（5）压力和液位显示功能：具有可靠的气体压力、温度现场显示单元和遥控显示单元以及遥控操作系统。

## 二、气体燃料管系的组成

如图3-1所示，为某船6135柴油/LNG双燃料发动机供给与控制系统图，其系统包括：

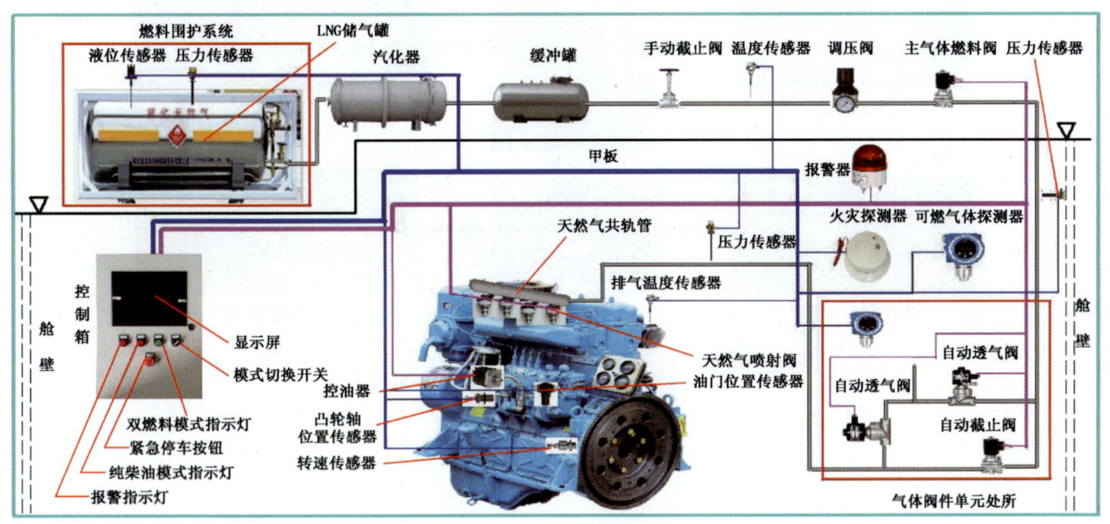


图3-1　6135船用柴油/LNG双燃料发动机供给与控制系统图

(1)天然气供给系统由LNG储气瓶、汽化器、缓冲罐、手动截止阀、调压阀、主气体燃料阀、自动截止阀、天然气共轨管及天然气喷射阀构成。

(2)天然气控制系统由天然气喷射阀、控制器、油门位置传感器与转速传感器构成。

(3)安全监控系统则由控制器、可燃气体探测器、火灾探测器、报警器及压力传感器组成，其中控制器位于控制箱中。控制箱面板上的显示屏可显示发动机转速、油门开度、气瓶内压力与液位、天然气管路压力、喷射压力、管路内天然气温度、可燃气体浓度等相关信息。各子系统均满足《天然气燃料动力船舶规范》中相应的技术要求。

目前内河上运营的LNG燃料动力船舶一般采用双燃料系统，它是在保留发动机原有柴油系统的基础上加装的一套LNG燃料供给系统，将单一的柴油发动机转化为双燃料发动机，发动机既可在纯柴油模式下工作，也可在柴油／天然气混合的双燃料状态下工作。如图3-2所示为LNG气体燃料流程图，气体燃料的大致流动顺序如下：储气罐→汽化器→电磁开关阀→阻火器→减压稳压阀→喷射阀→发动机。

天然气燃料管系根据管内流经工质的状态不同，一般将其分成两个部分：

(1)液态管路系统，主要指汽化器之前的系统，包括汽化器系统。其作用主要是储存液态天然气，同时在使用时利用汽化器对外的吸热性质完成气态的转变。

(2)气态管路系统，指汽化器后到动力装置之间的系统，主要由气体管路、稳压减压阀、阻火器和喷射阀等组成。对于双动力气体燃料船舶，每一台动力设备的供气管路上要设置一组气体互锁阀，以满足单机停气和保护整个系统的安全。这一部分管系中的天然气经过热交换器后变成了常温气体，经过稳压和流量控制等控制单元送至动力装置，这部分管系在机舱中有两种结构型式，即单壁管式和双壁管式，它们分别应用在不同类型的机舱中。

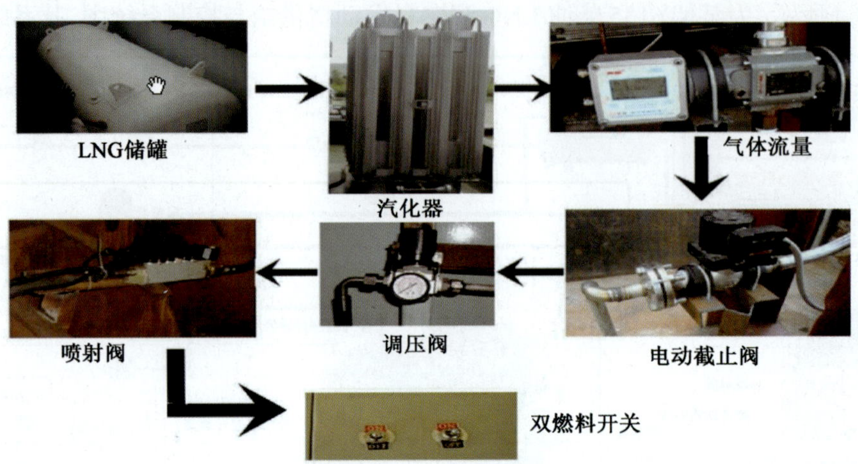


图3-2　LNG气体燃料流程图

# 第二节　气体燃料管系的类型和结构

**要点**

机舱类型、燃气管系类型。

**必备知识**

## 一、定义

目前我国内河LNG燃料动力船舶机舱大体上可以分为三种型式，即本质安全型、ESD型和增强安全型。这三种型式的机舱的特征和其对应的燃料系统的技术特点如表3-1所示。

表3-1 LNG燃料动力船舶机舱的特征及对应燃料系统的技术特点

| | 本质安全型机舱 | ESD型机舱 | 增强安全型机舱 |
|---|---|---|---|
| 特征 | 机器处所的布置应使得该处所在任何情况下均能处于安全状态 | 机器处所的布置使得该处在正常情况下被认为处于气体安全状态，但在某种异常情况下可能变为气体危险区域。当出现燃料气体泄漏等异常情况时，非安全设备能自动关闭，只允许防爆性设备运行 | 机器处所通过增强通风能力，加强可燃气体探测与报警，在其气体燃料管路上采用全熔透对焊接头等方式，有效防止燃料气体泄漏带来的危险 |
| 燃料系统技术特点 | 1. 机舱供气管为双壁管装置或设置通风管道环围。<br>2. 另设一套独立辅助燃料供应系统。如多台发动机各自的供气系统独立设置，则可免设辅助燃料供应系统 | 1. 机舱供气管路不需设气密环围。<br>2. 推进和发电的发动机布置在2个或多个机舱内。<br>3. 每个机舱容纳尽可能少的设备。<br>4. 供气管路压力不大于1MPa。<br>5. 安装气体探测设备，必要时自动切断供气和供油，并断开所有非防爆设备 | 1. 仅适用于双燃料系统。<br>2. 具有有效防止燃料气体爆炸发生的措施。<br>3. 与ESD型机舱相比，通风能力更强，管路防漏措施更严格，泄漏时更早转换备用燃料，设备配备要求基本相同 |

以上三种型式的机舱燃料供应管系中，本质安全型机舱采用双壁管式，或者是双壁管的变通型式。ESD型机舱和增强安全型机舱采用单壁管式。

## 二、单壁管式气体燃料管系

单壁管式气体燃料系统采用单层管作为气体燃料的管路，为了防止燃气中可能含有的未气化完的液态天然气的低温影响，该管道所用材料一般为耐低温的奥氏体不锈钢。其特点是结构比较简单，安装方便，体积较小，而且造价较低，维护管理比较方便。但是由于单壁管系统缺少防护，发生漏泄时火灾的危险性较大，安全性相对较低，需要增加其他设备或措施保障机舱的安全，如加装强制通风机、使用防爆照明灯等，它一般被ESD机舱和增强安全型机舱所采用。

如图3-3所示为我国内河一艘采用压力喷射阀供气的单壁管式燃料管系图。该气体燃料系统主要由主气体燃料阀、互锁气体阀、燃气过滤器、阻火器、减压阀组件、控气组件和天然气喷嘴组件等组成。其中控气组件是由一个电控截止阀和一个压力喷射阀组成。

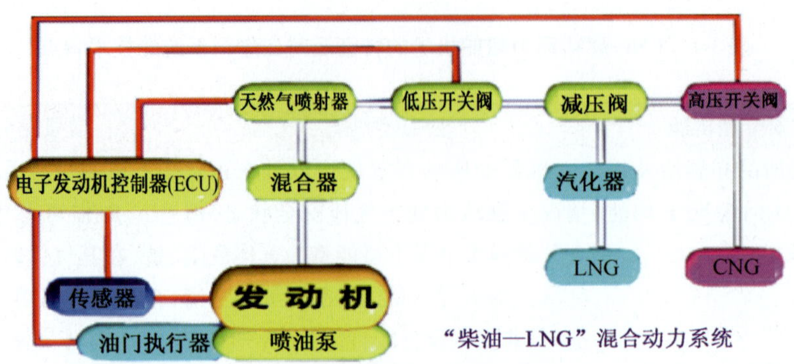


图3-3 单壁管式燃料管系图

LNG气罐上一般都安装了调压装量,能够实现自动增压和减压,大致维持罐体内的压力稳定。从气罐出来的LNG燃料经过热交换器加热后以气态的形式进入气体燃料系统,这时气体燃料的压力较高,需要根据发动机的需要进行减压。另外由于发动机的工况的变化,为使天然气的使用达到最佳状态,还需对天然气的流量进行调节,以控制天然气/柴油的使用比例,以及与空气的混合比例。

## 三、双壁管式气体燃料系统

双壁管式气体燃料系统主要由内管和外管组成的同心管构成,内管中流动的是气体燃料,外管与内管形成了环形的空腔,系统中安装了可燃气棒探测器对此空腔中的可燃气体进行连续监测。对于供气管路与气体喷射阀的连接,设置的双壁管结构系统要求其布置应能够方便地对气体喷射阀和气缸盖进行更换。在发动机本体上的供气管路同样也采用双壁管结构,直至气体进入气缸。这种双壁管结构的燃料管系,其安全性能较高,但需要增加惰性气体系统,安装比较复杂,成本相对较高,在海船上,LNG燃料动力系统应用较多,其对应的机舱属于本质安全型机舱。

双壁管式燃料管系一般有两种结构型式,即正压式和负压式。正压式双壁管燃料管系内管含有气体燃料,内、外管之间的空腔充满压力高于内管气体压力的惰性气体。如果内管的气体燃料发生泄漏,此时空腔内惰性气体压力降低,控制系统会发出报警并自动切断进气阀。负压式双壁管式燃料管系如图3-4所示,气体燃料由内管向发动机供气,内、外管之间的空间设有独立的机械式抽风机,使内、外管之间的空腔保持负压状态,在抽风机的管路上安装有可燃气体探测仪,检测气体中是否含有可燃气体。一旦探测仪探测到可燃气体泄漏量达到设定值,会自动发出声光报警,进而自动切断燃气的供应,打开氮气吹扫系统,对内管残留的燃气进行吹扫,从而避免了燃气的进一步泄漏。

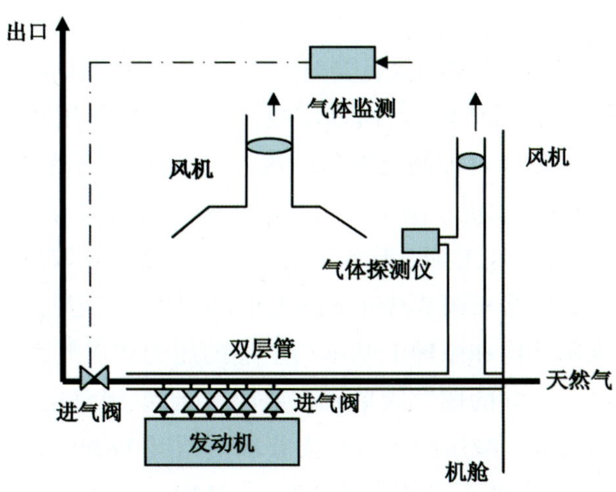


图3-4　负压式双壁管式燃料管系图

### 气体燃料的流量调节

燃料通过上述单壁管或双壁管供应管系从气罐送至气体发动机，在进入气体发动机之前，燃料需要经过压力和流量的调节，使之适应发动机的工作状态。目前广泛采用的气体流量调节方式主要有两种，一种是喷射流量调节阀式（简称喷射阀式），另一种是蝶阀调节式（简称蝶阀式），下面分别介绍两种不同的流量调节方案。

1.喷射阀式供气方案

当采用喷射阀作为控制天然气流量的执行器时，供气系统示意图如图3-5所示。天然气从LNG气瓶出来后，由减压阀和稳压器将天然气压力降至稳定的工作压力，然后由ECU控制的喷射阀将天然气喷射到混合器中，与空气形成浓度合适的混合气，最后进入发动机。根据流体力学知识可知，在喷射阀开启时，通过喷射阀的天然气流量主要由前后端压差和喷射阀喷孔直径决定，当前后端的压差稳定时，流量的大小主要取决于喷孔开度的大小，喷射阀通过ECU探制的电控系统调节内部的喷孔大小来实现流量的调节。喷射阀往往是由一组调节阀组成，安装在同一个喷轨上，不同的调节阀分别实现粗调或精调的功能。

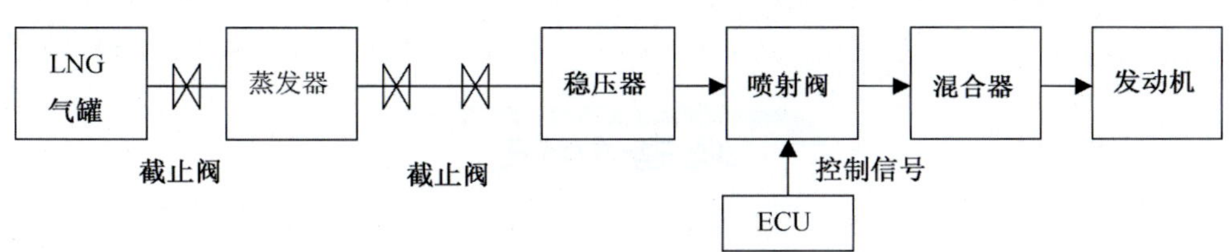


图3-5　喷射阀供气方案供气系统示意图

2.蝶阀式供气方案

当采用蝶阀作为控制天然气流量的执行器时，供气系统示意图如图3-6所示。天然气从LNG气瓶出来后，经过蒸发器、减压阀后，由零压减压阀将天然气压力降至大气压力（即零压），ECU通过控制蝶阀的开度即可控制天然气的流量，经过蝶阀调节的天然气与空气形成浓度合适的混合气，最后进入发动机。图中采用零压阀配合蝶阀进行流量调节，天然气流经零压阀后，压力为稳定的大气压力，因此，天然气流量的大小就主要取决于蝶阀开度的大小，ECU通过控制蝶阀的电子执行器来调节其开度的大小，从而实现流量的精确控制。

采用蝶阀式供气系统在结构和原理上基本与上述的压力式供气系统一样，其主要的差别体现在系统的燃气阀单元。它的燃气阀单元主要由减压阀、燃气电磁阀、零压阀、燃气蝶阀等主要部件及连接管系组成。减压阀入口压力要求不超过0.8MPa，在正常使用时压力为0.6～0.8MPa，减压阀减压之后的正常压力为0.3～0.4MPa。减压阀之后的管路上还装有一个压力感应器，如果压力感应器探测到减压阀后的压力异常升高，控制系统可自动切断燃气电磁阀，以保护发动机不受影响。

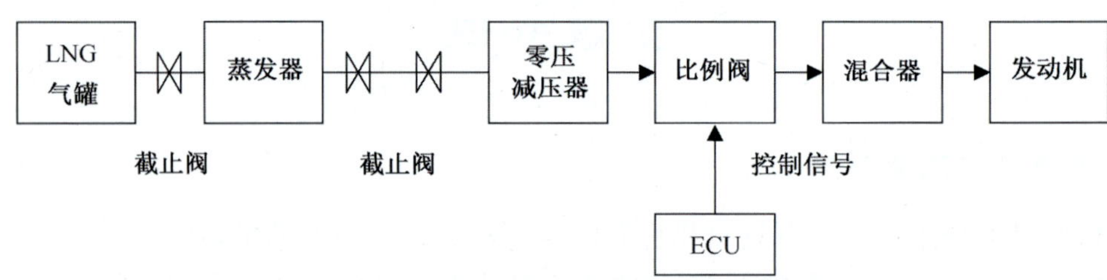


图3-6　蝶阀供气方案供气系统示意图

# 第三节　气体燃料管系的安装和防护

**要点**

气体燃料管系安装技术要求。

**必备知识**

## 一、气体燃料管系的安装技术要求

(1)管系的布置应考虑热变形以及储气罐和船体构件的移动而引起过大应力的影响，在

系统中禁止使用滑动式膨胀接头。

(2)应防止膨胀接头的过度膨胀和压缩,对其连接管子应适当加以支撑和固定,对于波纹管膨胀接头,应防止其机械损伤。

(3)当在储气罐或管路与船体结构之间采用绝缘隔离时,则对管路和储气罐采取电气接地措施,对所有具有密封垫片的管接头和软管接头也均需作电气连接,一切具有填料的管接头和软管接头应有电气接地措施。

(4)管道系统应尽可能少地采用法兰连接型式连接,管路焊接采用氩弧焊形式。管路在安装之前需要做钝化处理,用压缩空气吹净管内壁。

(5)在使用法兰垫片材料时要注意气体对材料的中和性,以免气体腐蚀材料。

(6)如果燃气系统中的气体燃料可能含有某些会在系统中凝结的较重的成分,则应在其可能泄漏的接头或者阀件下方安装气液分离罐或收集液体的集液盘。

(7)为了防止可能被隔离的含有液态气体的管路和附件中的液体受热气化形成高压损坏管路,管路中两隔离阀之间要安装压力释放阀。

(8)法兰、阀件和其他附件等必须按相关标准考虑设计压力,不能满足相关标准的法兰需要经过主管机关的同意。

(9)不锈钢管系安装过程中,凡穿过甲板纵桁、横梁或舱壁时,在相应的部位采取适当补强和填充防火涂料措施,以保证上述部位的结构强度和防火要求。

(10)对止回阀、截止止回阀、电磁阀及其他依靠重力方式的阀件,必须水平安装,且阀杆必须垂直向上,在其他阀件安装时,应适当考虑手轮的位置,原则上应方便阀的操作与控制。

(11)为了防止外物的碰撞,气体管道不得布置距离船体外板小于800 mm的位置。

(12)考虑到船舶在装卸货和航行中的震动和摇摆,气体管道系统的安装应有可靠的固定和足够的挠性。

(13)为了船员能更好地管理和保护气体管路,要求气体管道应采用统一的颜色标识。

## 二、气体燃料管系的绝热防护

在低温LNG管路上一般采用PUH、PUB改性聚氨酯泡沫塑料为包覆绝热材料,其导热系数小,它的特点是其封闭气孔率占90%以上,因此吸潮对其导热系数的影响极小。PUH、PUB改性聚氨酯泡沫塑料尺寸稳定性好,既能在工厂预制成形为所需的型材,也可现场喷灌施工。现广泛采用的绝热材料包覆结构如图3-7所示。内部填充的每层泡沫塑料的厚度为50~60 mm,安装时每层的连接处错开布置,接头处采用搭接的方法;外表采用0.25~0. 50 mm厚的铝材、镀锌铁皮或不锈钢做成保护层,对绝热材料可以起到保护的作用。

图3-7　PUH绝热材料包覆结构

另外一种常见的低温管道是采用真空多层绝热结构(如图3-8所示),这种管道一般采用双层壁设计,将内外壁之间的空间保持高真空状态,由于没有空气的对流,绝热效果有大幅度的提高。真空多层绝热结构虽然有非常好的绝热效果,但制造工艺复杂,成本较高。

图3-8　真空多层绝热结构图

PUH、PUB改性聚氨酯泡沫塑料使用安全可靠,无须过多的维修,在机械损伤后修复简便,几乎不必担心其寿命的问题。真空管一般的使用寿命与焊接接头的气密性等有关。真空管复合总装完成后要做氦质谱检漏,要求保证10年内该真空腔内真空度不会降到相关标准要求的真空度以下。实际应用时,要综合考虑成本和施工工艺等诸多方面的因素。通过设计计算比较,在单位冷损基本相同情况下,采用改性聚氨酯泡沫塑料作绝热保冷材料的低温液体输送管道综合性能优于真空多层绝热低温液体输送管道,低温液体输送管道越长,其优越性、经济效益越大。液化天然气装置的LNG系统管路一般采用改性聚氨酯泡沫塑料包覆结构绝热。

# 第四节　常用阀件的结构和工作原理

**要点**

低温截止阀、低温电磁阀、减压阀、气动薄膜阀、互锁气体阀的结构和工作原理。

**必备知识**

在LNG系统中低温阀件和附件虽然是配套设备，但它们的作用却不容忽视。LNG动力船燃料的充装、储存、供应和利用，以及LNG加注趸船加注作业的实现都离不开低温阀件和附件的配合。LNG系统中关键的低温阀件有截止阀、紧急切断阀 、压力释放阀等，关键的附件有液位计、温度计、压力表等仪表设备，这些阀件和附件的可靠性将直接关系到LNG系统的正常和安全运行。本节主要介绍气体燃料供应系统中的低温截止阀和低温电磁阀的基本结构和工作原理，另外还对气体燃料供应系统中比较关键的减压阀、气动薄膜阀、互锁气体阀分别予以了介绍。

## 一、低温截止阀

1.基本结构

如图3-9所示，为法兰式低温截止阀。低温截止阀由阀体、阀杆、阀盖和阀座等组成。通常采用长颈结构，以保护填料。低温截止阀的填料函不能与低温段直接接触，而是将其设置在长颈阀盖顶端，使填料函处于离低温较远的位置，在0℃以上的温度环境下工作，从而达到保护填料函的作用。此外，长颈结构还便于缠绕保冷材料，防止冷能损失。

在低温阀门中要使用耐低温性能好的填料和垫片。低温阀中一般采用浸渍聚四氟乙烯的石棉填料，柔性石墨是新近发展起来的一种优良的密封材料。由于普通的垫片材料在低温下会硬化和降低塑性，所以应选择性能变化小的垫片材料，使其在常温、低温及温度变化下具有可靠的密封性和复原性。一般使用温度为-200℃和最高使用压力3MPa时，采用长纤维白石棉的石棉橡胶板；使用温度为-200℃和最高使用压力5MPa时，采用耐酸钢带夹石棉缠绕而成的缠绕式垫片或聚四氟乙烯和耐酸钢带绕制而成的缠绕式垫片；柔性石墨是耐酸钢绕制而成的缠绕式垫片用于-200℃的低温阀门上比较理想。

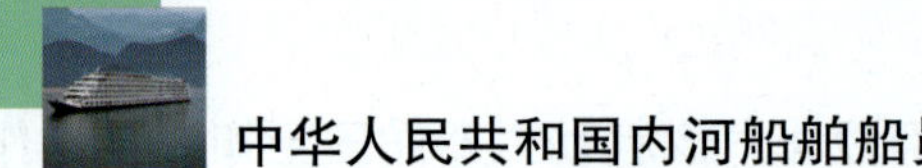



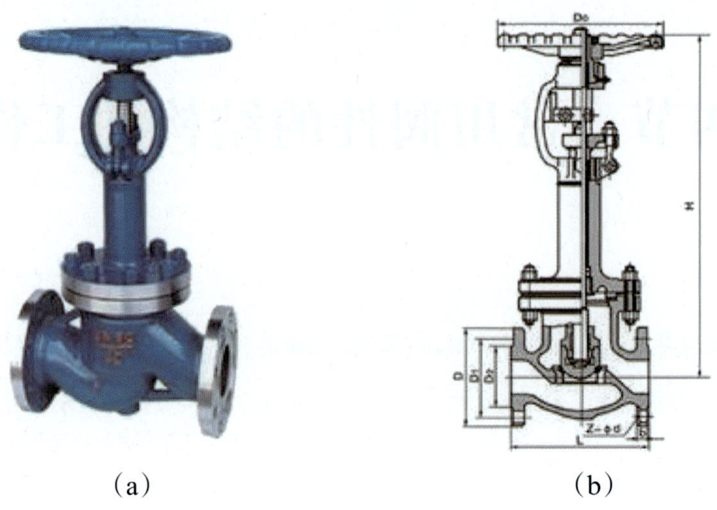

(a)　　　　　　　　　　(b)

图 3-9　法兰式低温截止阀

2.工作原理

低温截止阀的驱动方式一般是手动、伞齿轮传动及电动驱动装置。阀座采用焊接结构，密封面堆焊钴基硬质合金，保证阀门的密封性能。单向密封的阀门阀体上标有流向标志。阀与管路的连接形式有法兰式、焊接式和螺纹式。

逆时针方向转动阀杆，手轮上升，阀开启，介质自阀盘下方进入，经阀盘与密封座之间的通道向上流出。若顺时针方向转动阀杆，使阀盘与阀座紧密接触，阀关闭，从而截断介质流动。安装截止阀时应严格按阀上标明的介质流动方向的箭头安装，如果标志不清可按“低进高出”的原则判断。如果截止阀反向安装，工作介质依然可以流通，不过管路阻力较正向流动要大很多。

## 二、低温电磁阀

1.基本结构

低温电磁阀与低温截止阀类似，同样采用长颈结构，按工作原理不同分为直动式与伺服式（亦称先导式）。按工作电源分有交流和直流两种不同的种类，气体燃料供应系统中一般采用直流 24 V 的电磁阀。如图 3-10 所示为直动式低温电磁阀。由电磁线圈、衔铁、阀座、阀盘、弹簧等零件组成。

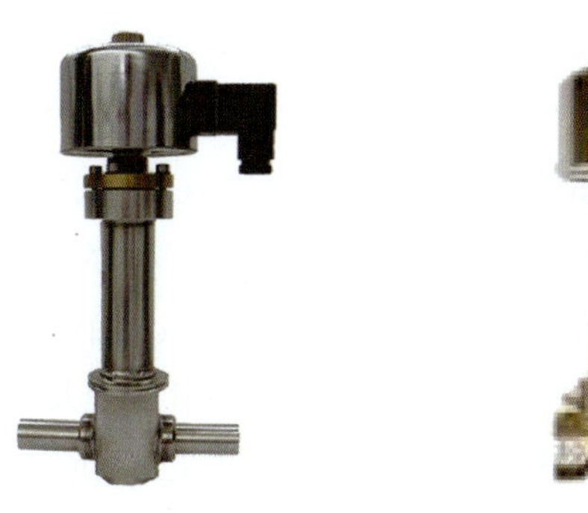

图3-10　直动式低温电磁阀

2.工作原理

电磁阀由电磁力控制阀门的启闭，常态为关闭状态，通电后打开。当电磁线圈断电时，衔铁在重力、弹簧力和工质进出口压力差作用下使阀盘落在阀座上，将阀关闭；线圈通电则产生电磁力，克服上述诸力将衔铁吸起，直接提起阀盘开阀。

电磁阀接在汽化器后的出口管路中，由ECU控制，ECU时时检测系统接通气体燃料的必要条件，及时接通或切断天然气气路。电磁开关阀作为驾驶台运行模式转换控制阀，只有在"ON"模式下处于开启状态，而在低负荷、通风不畅、气体管路泄漏、火灾、应急停车以及全船失电状态时都处于关闭状态。电磁阀不仅要具有远程控制能力，而且可以采取现场手动操作。在发生故障时自动关闭，排除故障后须采用手动复位才可以遥控控制。

## 三、减压阀

1.基本结构

减压阀能使流经它的LNG燃气压力降低，并大致保持所要求的数值。减压阀的种类有很多，比较常见的是定值减压阀，它根据阀出口压力的变化改变阀的开度，使流经阀的燃气压力降低并保持阀后的压力稳定。定值减压阀有直动型和先导型之分，在LNG动力船舶燃气管系上一般采用直动型定值减压阀，其结构如图3-11所示。

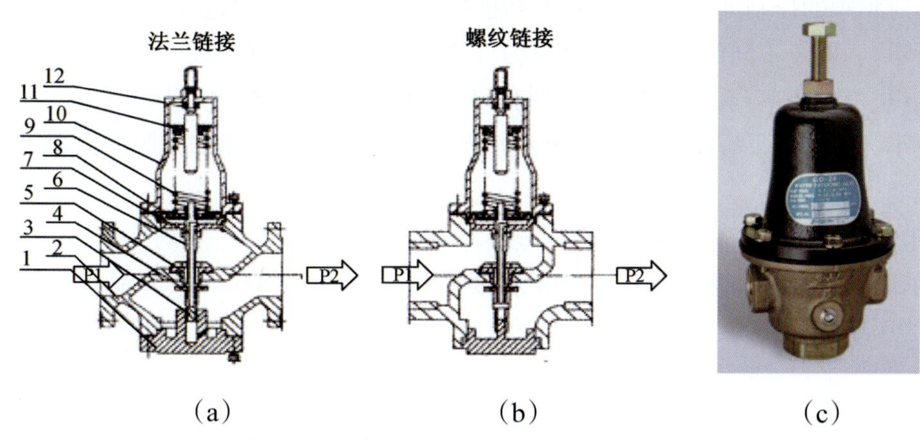


图3-11　直动型定值减压阀结构

2.工作原理

工作时高压LNG燃气压力$p_1$从左侧进入，通过阀芯和壳体之间的缝隙产生节流损失，使右侧出口处压力降低为$p_2$。出口的燃气经阻尼孔道进入上腔，对膜片8产生一个向上的力$p_2S$（$S$为膜片端面面积）。若阀芯的开口量一定，上弹簧压力为$F_1$、下弹簧的压力为$F_2$，则阀芯处于稳定的工作状态时，其上下方向的作用力互相平衡。当阀进口压力$p_1$因某种原因升高，则出口压力会立即随之升高，阀出口压力升高使滑阀上移，关小开口，使节流效果增加，压差增大，从而使出口压力又降到原来压力为止；当阀的进口压力因某种原因降低时，则出口压力随之降低，滑阀压力也降低，在弹簧作用下，滑阀下移增大开口，使节流效果减弱，压差减小，出口压力又上升到原来的值。如果阀进口压力$p_1$不变，通过的流量增加时，则压差增大，使出口压力降低，阀下移，增大开口，减弱节流效果，使出口压力上升到原来值；反之，流量减小，则会出现相反的过程。因此，减压阀因为其开口量能随出口压力的升降而自动地关小或开大，从而保证出口压力值稳定。如果手动调节上部弹簧的调节螺栓，使弹簧的张力增大，则阀芯下移，增大开口，出口压力$p_2$增大，增大的出口压力同时使膜片8向上的作用力$p_2S$增大，最终膜片8向下的弹簧力和向上的作用力达到平衡，出口压力在新的较高值下保持不变；反之，减小弹簧张力则减小减压阀出口压力值。

减压阀在船试时已经调好，工作压力设定为0.6 MPa，原则上不允许随意调整压力的大小，压力过低会造成气体燃料供应量的减少，造成油耗增加，使船舶营运成木加大，压力过高时可能造成扫气道压力过高，造成增压器的喘振，同时也会造成空气量的不足，使柴油机燃烧不完全，冒黑烟。当减压阀出口压力比设定值有过大偏差时（0.05MPa），顺时针为增大，逆时针为减小，调节过程必须缓慢进行，以免压力波动过大。

## 四、气动薄膜阀

气动薄膜阀是以压缩空气为动力的阀门，它具有结构简单、运行平稳、负载能力大、天然防火防爆的优点，在要求防火防爆的场合，通常采用切断作用的气动阀作为自动控制阀件。

1.基本结构

气动薄膜阀的控制部分由膜片、弹簧和推杆组成，通常是单端进气、弹簧复位的结构（如图3-12所示）。对于不同的进气方向又分为气开式（进气打开阀门，失气弹簧复位关闭阀门）和气关式（进气关闭阀门，失气弹簧复位打开阀门）。由于薄膜式气动执行机构中的薄膜耐受压力较小，因此，如果应用在作用力较大的调节阀上时，就必须增加薄膜的面积，使执行机构的体积变得比较大。

2.工作原理

气动薄膜阀在气体燃料供应系统中主要用作主气体燃料阀。其开启与关闭由0.6 ~ 0. 7MPa的压缩空气控制，而压缩空气的通断由安保系统控制箱中安装的两位三通电磁阀换向阀控制。

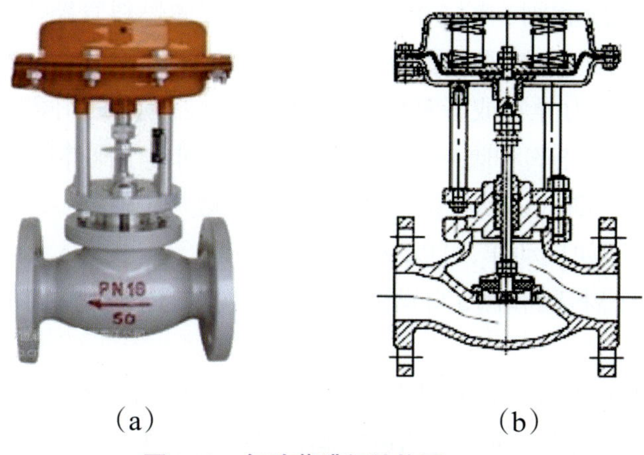


（a）　　（b）

图3-12　气动薄膜阀结构图

当来自安保系统的信号使电磁阀换向阀通电时，电磁阀换向阀打开相应的气路，压缩空气源通过电磁换向阀向所控制的气动薄膜阀提供压缩空气。压缩空气从下方进入气动薄膜阀的膜片，克服膜片上方的弹簧力，使膜片和推杆上移，气动薄膜阀打开；反之，安保系统给出切断信号，电磁阀失电，则压缩控制气路关闭，所控制的气动薄膜阀在弹簧力的作用下关闭。所以，在LNG燃料动力船舶上安装的这些气动薄膜阀属于故障关闭型。

## 五、互锁气体阀

根据《天然气燃料动力船规范》要求，每台或每组气体燃料发动机的主供气管路上应设有1个手动截止阀和1个主气体燃料阀，两阀串联连接，或设置1个自动和手动操作组合阀。主气体燃料阀应位于机器处所外，并尽可能靠近热交换器。如图3-13是由气源向单台气体发动机供气的互锁气体阀的结构图，图中自动截止阀2（兼作主气体燃料阀）、自动截止阀3和自动透气阀4组成了互锁气体阀，其具体要求如下：

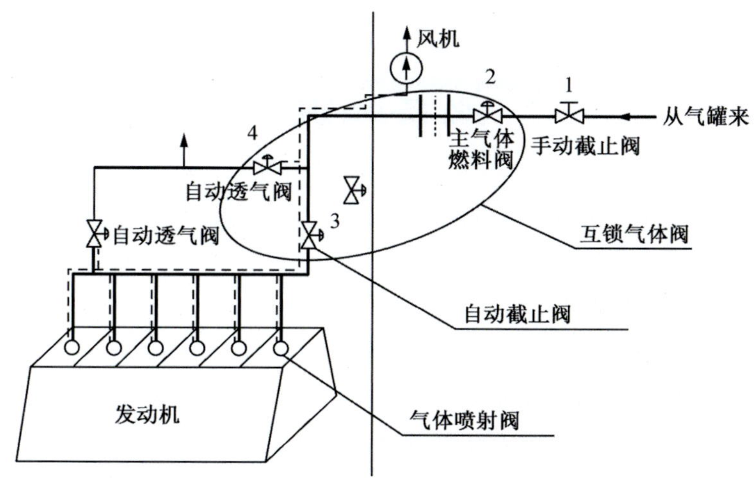


图3-13　单台发动机供气的互锁气体阀的结构图

(1)3只阀中的阀2和阀3串接在通向发动机的气体燃料管路上,阀4安装在2只串接阀之间的气体燃料透气管上,该透气管通向露天甲板的安全位置。

(2)当发生气罐压力异常或者有燃气泄漏故障时,自动关闭阀2和阀3并自动打开透气阀4;也有将阀3自动截止阀和阀4自动透气阀组合在同一个阀体中,当发生燃气泄漏或者罐体压力异常时,自动切断气体燃料供应,并自动进行透气。

(3)上述的3只阀如果动作,可以对其人工复位。

(4)阀2主气体燃料阀和阀3自动截止阀为故障关闭型,而阀4自动透气阀应为故障开启型。

(5)当主气体燃料阀和自动截止气阀关闭时,发动机正常停车,主气体燃料阀和自动截止阀之间的管路残留的燃气通过自动透气阀自动透气。为了防止气体从发动机向管路逆流(如高压气体发动机),需要对互锁气体阀下游的整个供气管路通过阀5的自动透气阀进行透气,且该透气阀在发动机正常停车时应开启。

(6)通向气体燃料发动机的供气管路上都会设有一个手动操作的截止阀1,在发动机维修期间关闭,确保能进行安全有效的隔离。

# 第五节 气体燃料管系的安全操作和日常检查

**要点**

掌握气体燃料管系的操作程序和日常检查。

**必备知识**

## 一、气体燃料管系安全操作程序

1.供气前的准备

(1)提前10 min开启通风机。

(2)检查储液量是否充足。

(3)储罐阀门开启是否正确,气体管系以及连接法兰是否正常。

(4)打开安保系统开关,使其进入开机自动检测状态。

(5)安保系统自动检测完成后，应对报警系统进行测试，确保报警系统工作正常，供气系统应急切断阀动作正常。

(6)对可燃气体探测器进行人工测试，确认探测系统工作正常。

(7)对液化气罐区及储罐的安全进行检查。

2.供气操作程序

(1)在发动机起动后，将LNG热交换器的热水循环系统投入运行，为发动机由“纯柴油”模式转换为“柴油—LNG”双燃料模式做准备。

(2)缓慢开启LNG气罐液相出口阀后，依次开启进入热交换器的低温截止阀、球阀等相关阀门。

(3)调节调压阀，观察压力表读数，读数大于0.1 MPa后，开启气动薄膜切断阀的气动气源，使气动薄膜切断阀开启，并将压力调节至满足发动机要求(0. 2 ~ 0. 3 MPa)。

(4)沿气路检查供气系统各阀件、管路、接头有无漏泄。

3.运行中管理

(1)加强燃料系统的巡视，检查有无异响、温度异常、异味等，若发现异常及时处理。

(2)每隔2小时检查LNG供气安全监测系统，若发现LNG供气安全监测系统(报警/紧急处理装置)失效，则应关闭LNG气罐液相出口阀，同时将发动机转换至纯柴油模式运行，并及时将情况告知驾驶台，必要时应立即告知驾驶台将发动机紧急停车。

(3)每隔2小时巡查气罐的液位、压力、减压装置、热交换器及LNG管线接头是否漏气。

(4)加强通风系统、消防系统及探测器检查，一旦发现故障，应立即停止使用LNG。

(5)在运行过程中，燃料系统发生异常或可燃气体探测系统检测到漏泄时，安保系统会自动切断气体燃料的供应，并将发动机转换为纯柴油运行模式。值班人员应立即关闭LNG气罐液相出口阀，立即查明原因，只能在故障排除后方可再次将燃料系统投入使用。

4.关闭程序

(1)当动力装置进出码头或频繁用车，或LNG燃料耗尽、完车等时，切换模式至“OFF”位置。

(2)先关闭LNG气罐液相出口阀，并保持热交换器的热水循环和其他阀件状态不变。

(3)发动机运行一段时间将管系中的燃气消耗以后，依次关闭低温截止阀、球阀等。

(4)停止热交换器的热水循环，关闭相关阀门。

(5)关闭LNG系统的控制装置。

(6)停车后开启管路上的放残阀，将管路中的剩余天然气排空。

5.故障处理程序

(1)压力过高，使用气相阀，关闭液相阀。

(2)压力过低，打开增压阀使汽化器后气体进入储气罐。

(3)当储气罐压力较高时，一旦安全阀不能自动开启，立即手动开启安全阀。

(4)发现漏液时，立即切断供气系统。维修后方可使用。

## 二、气体燃料管系的日常检查及注意事项

1. 值班人员不得随意拨弄阀门、减压装置，发现问题及时处理。使用过程中注意防火，防止对管系和其附件的撞击损坏。

2. LNG系统出现燃气泄漏，管路损坏或供气系统异常等故障，应及时与相关厂家联系，切忌自行改动。

3. 值班人员必须密切注意储气罐压力，根据情况及时切换有关阀门。在操作中应注意防止人体与手直接接触LNG及低温阀门、管线，防止发生冻灼伤，操作时必须穿戴好防冻手套、防冻服和防护面罩。

4. 在LNG管系通过的密闭区域严禁明火及电火花，严禁拨打手机。

5. 储气罐供液后，24小时内应密切注意储槽内的压力变化。

6. 密切注意储气罐的储存量，若达到规定下限，应及时联系充装。

7. 环境保护，防止泄漏，节约能源。应把LNG和机舱防火防爆工作放在首位，如发生泄漏与火灾，首先确保个人生命安全，灭火应使用干粉或泡沫灭火器。怀疑燃料系统有燃气泄漏时，应使用船上配备的便携式可燃气体检测仪进行检测。

# 第四章

# 气体燃料发动机和辅助装置

❖ 第一节　气体燃料发动机的结构特点和工作原理

❖ 第二节　气体燃料发动机的自动控制系统

❖ 第三节　气体燃料发动机的工作特点

❖ 第四节　气体燃料发动机的操作程序

❖ 第五节　气体燃料辅助装置

# 第一节　气体燃料发动机的结构特点和工作原理

**要点**

气体燃料发动机的工作原理。

**必备知识**

## 一、气体燃料发动机的分类

天然气在发动机上的应用有多种形式，根据不同分类方法，可分为：

(1)按燃料的使用方式

①单一气体燃料发动机：系指只能依靠天然气燃料运转且不能转换到燃油运转模式的发动机。

②双燃料发动机：系指既可以以天然气为燃料，又可以燃烧燃油或者同时燃烧燃油和天然气燃料的内燃机。

(2)按点火方式

①火花塞点火式：是指利用火花塞对可燃混合气进行点火。

②压燃式：是指气缸内的可燃混合气通过喷射燃油压燃的方式点火。

(3)按供气方式

①在增压器前与空气混合，通过进气总管进入气缸。

②在增压器后与空气混合，通过进气总管进入气缸。

③从进气支管或进气道与空气混合进入气缸。

④直接喷入气缸。

其中①、②属于单点供气式，③、④属于多点供气式。

(4)按供气压力

①高压气体燃料发动机：系指气体燃料喷射压力等于或大于1MPa的气体燃料发动机。

②低压气体燃料发动机：系指气体燃料喷射压力小于1MPa的气体燃料发动机。

如表4-1所示为发动机分类汇总。

表4-1 发动机分类汇总

<table>
<tr><th>分类方式</th><th colspan="3">发动机类型</th></tr>
<tr><td rowspan="3">燃料使用方式</td><td colspan="3">单一气体燃料发动机</td></tr>
<tr><td rowspan="2">双燃料发动机</td><td colspan="2">微油引燃</td></tr>
<tr><td colspan="2">混烧</td></tr>
<tr><td rowspan="5">供气方式</td><td rowspan="3">缸外进气</td><td rowspan="2">总管进气</td><td>增压器前</td></tr>
<tr><td>增压器后</td></tr>
<tr><td colspan="2">支管进气</td></tr>
<tr><td rowspan="2">缸内直喷</td><td colspan="2">低压缸内直喷</td></tr>
<tr><td colspan="2">高压缸内直喷</td></tr>
<tr><td rowspan="2">点火方式</td><td colspan="3">火花塞点火</td></tr>
<tr><td colspan="3">压燃式（微油引燃）</td></tr>
<tr><td rowspan="2">供气压力</td><td colspan="3">≥1MPa</td></tr>
<tr><td colspan="3"><1MPa</td></tr>
</table>

## 二、气体燃料动力系统的组成

在我国内河LNG燃料动力船舶上应用的典型的气体燃料动力系统的主要部件如图4-1所示。LNG燃料储存在气罐1中，液态天然气从气罐1中流出后在汽化器3中汽化变成气态，气态天然气通过过滤器滤除杂质，经过减压器6减压后，再经过喷射阀7调整气体流量，然后送至气体发动机进行燃烧做功。电子控制单元（ECU）通过转速传感器8、温度传感器10、油门位置传感器11采集发动机的信号，并根据内置的程序控制气体燃料电磁开关阀5的通断，协调控制喷射阀7的气体流量和控油器12的油门大小。下面分别介绍这些部件。

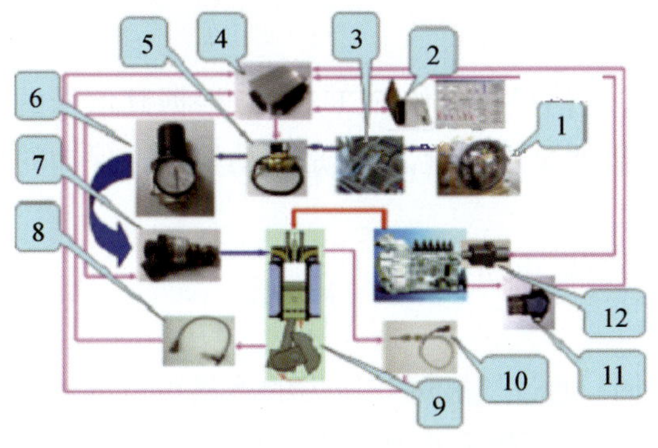


图4-1 气体燃料动力系统的主要部件

1—气罐；2—调试单元；3—汽化器；4—电子控制单元；5—电磁开关阀；6—减压（稳压）器；7—喷射阀；8—转速传感器；9—发动机；10—温度传感器；11—油门位置传感器；12—控油器

1.气罐(储存装置)

LNG储供气系统,由LNG储罐、汽化及稳压装置和天然气供应管系组成。LNG储罐是低温燃料储存设备,采用双层金属、真空结构,保温性能优异,同时配备有各种安全装置,可确保超压情况下系统的安全。

2.调试单元(计算机)

根据气体燃料动力系统运行工况的要求,当需要对某些参数做优化处理时,这就要求在计算机上改变参数值,通过ECU对系统各运行部件进行监控和调试。

3.汽化器

将液态天然气蒸发成气态天然气,供船用发动机使用,可选用空温式热交换器或水浴式热交换器。

4.电子控制单元(ECU)

电子控制单元是整套系统的控制中枢,通过接收各种传感器信号和控制信号,感知发动机的工作状态和命令,从而控制系统协调工作。

5.电磁开关阀

电磁开关阀接在汽化器后的出口管路中,由ECU控制,ECU随时检测系统接通气体燃料的必要条件,及时接通或切断天然气气路。电磁开关阀作为驾驶台运行模式转换控制阀,只有在“ON”模式下处于开启状态,同时在低负荷、通风不畅、气体管路泄漏、火灾、应急停车以及全船失电状态时都处于关闭状态。电磁开关阀不仅要具有远程控制能力,而且可以采取现场手动操作。如果发生故障自动关闭,原因找到故障排除后必须采用手动复位后才可以进行遥控控制。

6.减压器

将天然气储存装置中的天然气压力稳定到系统需要的供气压力,保证天然气计量准确。

7.喷射阀

将天然气以0. 3 ~ 0. 35 MPa的压力,从进气总管(增压器后)喷入发动机,控制发动机做功。其流量大小受控气组件控制。

8.转速传感器

检测发动机转速,并将信号传送给ECU,ECU根据其信号的大小判断发动机负荷大小,从而控制喷射阀开度和供油泵供油量,同时是发动机超速保护的传感器部件。

9.发动机

动力系统的核心,向外输出功率。

10.温度传感器

内燃柴油机在使用中,通过气缸爆炸压力的测量可以准确地判断柴油机负荷的大小,在实际使用中通过柴油机热负荷的大小基本上可以直观判断机械负荷的大小,同时温度过高也会影响备件的使用寿命。通过温度传感器的检测信号来判断柴油机最高负荷,当热负荷

达到设定值时，柴油机保护装置动作保护柴油机，以免发生机械故障。

11.油门位置传感器

检测发动机加载命令，将信号传送给ECU。

12.控油器

采用带反馈型控油器，闭环控制，调节柴油机供油量的大小。

## 三、气体燃料发动机的结构特点和要求

气体燃料发动机的本体结构与普通柴油发动机基本一致，但其空气进气系统、曲轴箱、排气系统、透气系统等与普通柴油机相比有不同的特点和要求。

1.空气进气系统

(1)气体燃料发动机如采用将压缩空气直接通入气缸的方式进行起动，它的起动空气管路上应安装火焰消除器。对于可直接换向发动机，火焰消除器安装在每一起动空气支管上；对于不可直接换向发动机，火焰消除器安装在起动空气总管。

(2)对于气体燃料在增压器之前与空气混合的发动机，如布置在本质安全型机舱内，则其空气进口应位于机舱外；如布置在ESD防护式机舱或增强安全型机舱内，则可接受其空气进口位于机舱内。

(3)气体燃料发动机的空气进口如位于机舱内，应尽可能远离供气管路以降低泄漏的气体燃料被吸入空气进口的危险；如空气进口位于机舱外，应距离任一危险区域边界至少1.5 m。

(4)气体燃料通过进气总管进入气缸的发功机应在进气总管上安装防爆安全阀或采取其他防爆措施。

2.曲轴箱

(1)对于筒形活塞式发动机，曲轴箱应设有单独的透气系统，透气口应通往开敞区域的安全位置，其末端应安装火焰消除器；曲轴箱应提供接口(或其他措施)进行惰化以便于维修；曲轴箱内应安装气体探测设备，气体探测设备可位于曲轴箱透气管内，其布置应能防止被油雾污染。对于十字头式发动机，活塞下部空间应安装气体探测设备。

(2)对于低压气体燃料发动机，当缸径等于或大于200 mm时，曲轴箱内应安装油雾探测器(或轴承温度探测器)；对于高压气体燃料发动机，曲轴箱内均应安装油雾探测器(或轴承温度探测器)。

(3)安装在曲轴箱内的电气设备和仪器应为经认可的安全型式。

3.排气管系

(1)各主、副气体发动机均设有独立的排气系统。主气体发动机排气通过膨胀节、干式消音器后排至大气；副气体发动机排气通过膨胀节、干式阻焰式消音器后排至大气。主、副气体发动机排气管均包扎绝热材料，以使其外表温度不超过60℃。排气管水平最低处设有

放水螺塞。

(2)气体燃料发动机的排气管应安装防爆安全阀或其他防爆措施,其尺寸应足以防止未燃烧的可燃气体在排气管中引起爆炸后带来严重损坏,除非有资料证明该系统的强度足以承受最恶劣情况下的爆炸。

(3)当发动机在燃气模式下停车后,应采取措施扫除排气管内可能存在的可燃气体。

4.透气系统

(1)对于气体燃料可能直接漏入其介质(润滑油、冷却水)的辅助系统,应设置独立的透气管,保证从该系统泄漏的气体能通过火焰消除器排至机舱外的安全位置。

(2)应通过监测废气或燃烧室温度对气体燃料发动机气缸内可燃混合气的燃烧进行监测。对于缸径大于200 mm的气体燃料发动机,应对每一气缸的燃烧均进行监测,避免出现爆燃和失火。当监测到爆燃或失火时,应根据发动机的安全控制策略切断发动机气体燃料供应,或者仅切断出现爆燃或失火的气缸的气体燃料供应,但应保证在考虑扭转振动的影响下,发动机在一缸熄火时仍能正常工作。

5.防爆安全阀

(1)对于气体燃料通过进气总管进入气缸的发动机,应在进气总管上安装防爆安全阀或采取其他防爆措施,除非有资料证明该系统的强度足以承受最恶劣情况下的爆炸。如气体燃料在增压器之前与空气混合,则应在增压器或中冷器上安装防爆安全阀,除非有资料证明增压器和中冷器的强度足以承受最恶劣情况下的爆炸。

(2)气体燃料发动机曲轴箱应安装具有足够释放面积的防爆安全阀,除非有资料证明该系统的强度足以承受最恶劣情况下的爆炸。曲轴箱上所设防爆安全阀的总流通面积,按曲轴箱总容积计算,每1 $m^3$曲轴箱容积应不小于115 $cm^2$,且每个安全阀的流通面积应不小于45 $cm^2$。曲轴箱防爆安全阀应按如下要求进行设置:

①对于低压气体燃料发动机,当缸径等于或大于200 mm时,应在靠近曲轴箱的两端至少各装1个防爆安全阀,但如缸数超过8,则应在曲轴箱中部附近另设1个防爆安全阀;当缸径大于250 mm时,每一缸至少应装1个防爆安全阀。对总容积超过0.6 $m^3$的曲轴箱分隔空间(如驱动凸轮轴的齿轮室或链条箱或其他类似装置)也应设置防爆安全阀。

②对于高压气体燃料发动机,每一缸至少应装1个防爆安全阀。曲轴箱分隔空间(如驱动凸轮轴的齿轮室或链条箱或其他类似装置)也应设置防爆安全阀。

(3)防爆安全阀的安装和布置应保证将从阀中排出的气体造成人身伤害的可能性降至最低。

(4)防爆安全阀动作后如需进行拆除或更换,从而影响发动机的连续运行,则其不能安装在单一主机的推进装置上,除非配有辅助推进系统。

## 四、气体燃料发动机的工作原理

目前内河LNG燃料动力船舶的主机主要采用低压双燃料发动机。这种低压双燃料发动机有单点进气、多点进气两种型式。气体燃料发动机的工作原理与传统的柴油机类似，下面主要就单点进气和多点进气两种型式工作原理进行介绍。

单点供气式是指将天然气送入发动机进气总管的供气方式；多点供气式是指从每缸的进气支管内进气或将天然气直接喷入气缸内的供气方式。

### （一）单点进气式

总管进气方式类似于传统汽油机的可燃混合气形成方式，天然气在进入气缸之前与空气在总管内混合形成可燃气，主要包括混合器供气和喷射阀供气两种方式，其中混合器主要用于增压器前端进气，喷射阀主要用于增压器后端进气。

1.增压器前端进气

这类发动机通常在涡轮增压器的压气机前端安装混合器，天然气管路与混合器相通，且通往混合器的天然气处于零压状态。发动机运转时，利用压气机进口处空气流动在混合器内所形成的真空度将天然气抽出，与空气形成可燃混合气进入气缸，在发动机压缩行程的终点附近，一定量的燃油喷入缸内被压燃，同时引燃可燃混合气，两者在缸内一起燃烧做功。燃油不仅起到引燃气体燃料的作用，同时还提供相当一部分对外做功的能量。发动机可根据工况变化来调整燃油和天然气的比例，来适应负荷的变化，如图4-2所示示意图和如图4-3所示总管单点喷射混燃式LNG–柴油双燃料发动机实例图。

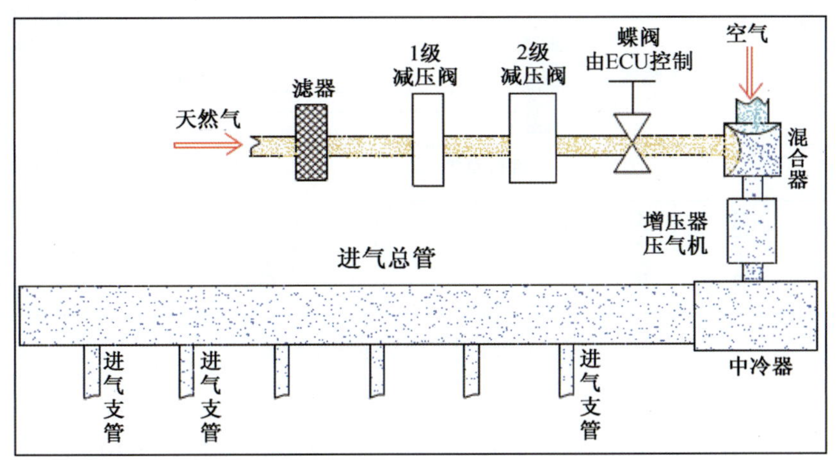


图4-2　增压器前端进气示意图

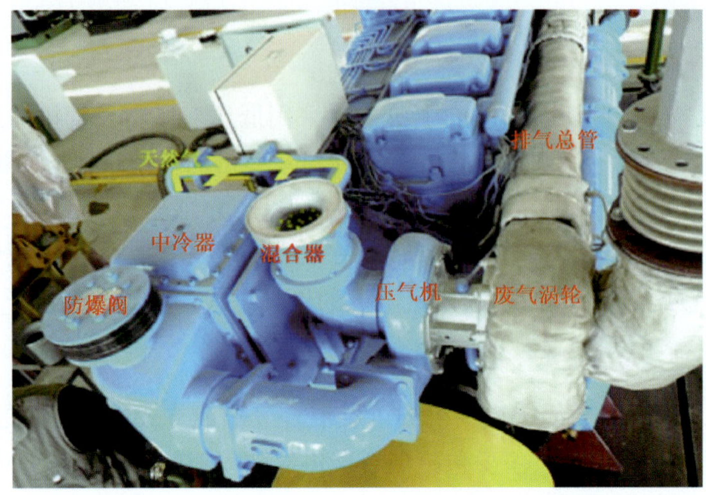


图 4-3　总管单点喷射混燃式 LNG—柴油双燃料发动机实例图

2.增压器后端进气

这类发动机通常在中冷器后端安装燃气喷射阀。发动机运转时,燃气喷射阀依照电控单元指令将具有一定压力的天然气(略高于增压空气压力)直接喷入进气总管,与空气形成可燃混合气,随后通过空气进气总管进入气缸燃烧做功,如图 4-4 所示。

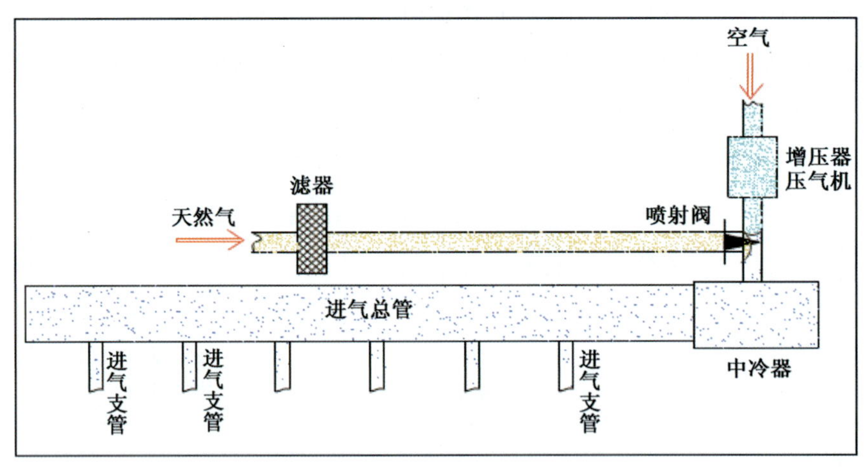


图 4-4　增压器后端进气示意图

从上述可以看出,单点供气式发动机可以在不改变原柴油机基本结构上加入一套气体燃料系统,为发动机提供两种燃烧物质。与多点供气式发动机相比,由于是在进气总管处供气,单点供气式发动机具有结构简单,容易安装等优点,但也有各缸天然气分配不均匀、热效率低、控制精度低等缺点。

### (二)多点进气式

多点喷射式是定时在每缸进气阀前方的进气支管进行喷射，根据曲轴位置传感器和凸轮位置传感器的信号，判断需要喷射燃料的缸号。

1.缸外进气支管进气式

这类发动机通常在每一空气进气支管的根部安装一个燃气喷射阀，或在每一气缸盖的进气道上安装燃气喷嘴。燃气喷射阀依照电控单元指令定时定量向相应气缸的进气支管/进气道喷射天然气，并与空气混合后进入气缸。这类发动机由于各缸使用单独的燃气喷射装置，故称为“多点喷射”发动机，如图4-5所示。

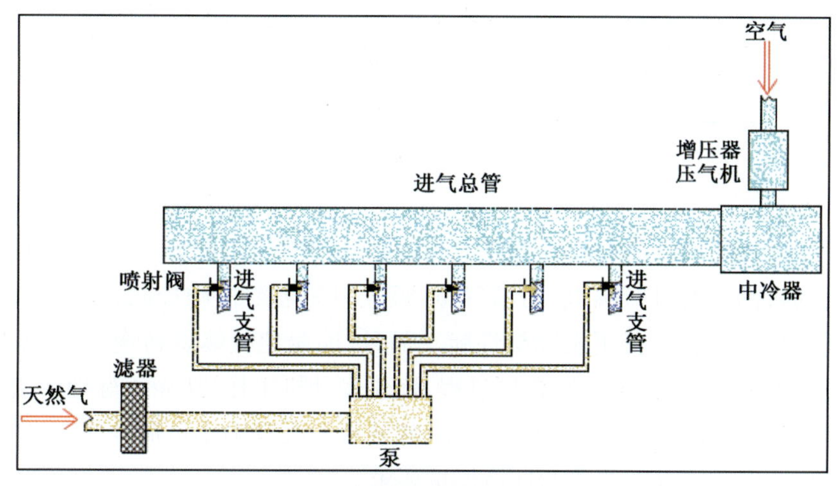


图4-5　缸外进气支管进气示意图

此种进气方式的双燃料发动机具有控制空燃比精度高、进一步降低排放指标、易于实现定时定量控制燃烧、易实现稀薄混合气燃烧等优点。但可能出现排气管爆燃现象且改造成本较高。

2.缸内直喷式

(1)低压缸内直喷

在压缩冲程前期，天然气喷射到气缸内，由于此时缸内压力较低，因此天然气喷射压力也较低。在点火之前，缸内可形成较均匀的预混合气。主要用于压缩比较低的点燃式天然气发动机上。

(2)高压缸内直喷

先将天然气压缩至规定压力(通常在20～35 MPa)，气体喷射阀在压缩终点附近直接将天然气喷入气缸内的热空气中，通过较高能量的点火花点燃或其他方式引燃混合气。天然气在缸内以扩散分层稀薄燃烧为主，需要通过ECU实时精确地控制高压燃气喷射、高能火花塞点火时刻或引燃油喷射时刻，从而缩短滞燃期和主燃期，形成稳定、快速的燃烧过程，从

而提高发动机效率，如图4-6所示。

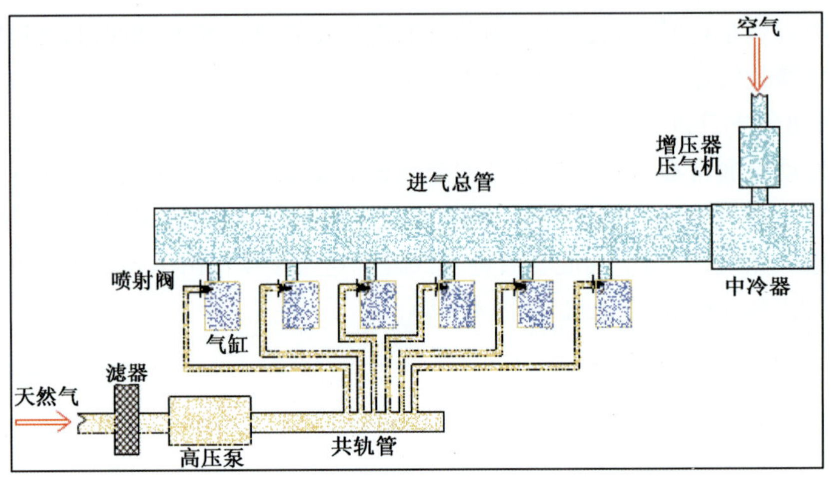


图4-6　高压缸内直喷示意图

可见，高压燃气喷射式发动机可在不同的燃气和燃油比例下运行，或仅在燃油模式下运行，根据发动机的正时进行喷气，对喷气量、喷气时刻进行精确控制，避开了气门重叠角，且各缸天然气分配均匀，改善了发动机性能。而且，能避免气体燃料逸出，大幅度降低对空气充量的影响，供气稳定，易于控制燃烧过程，优化发动机工作，从而很好地解决了低压缸内直喷和缸外供给天然气发动机存在动力性差、热效率不高及中小负荷性能不良等问题，达到节能减排的目的，以适应日渐严苛的环境保护要求。

## 五、双燃料气体发动机的主要特点

（1）双燃料发动机可采用系统外挂式安装，对原柴油机几乎不做改动。

（2）双燃料发动机的动力性、操作性等技术指标与原柴油机基本相同。

（3）双燃料发动机天然气对柴油的综合替代率在70%以上，全负荷时可达85%以上，具有良好的经济效益。

（4）有效降低排放，具有良好的社会效益。

（5）双燃料发动机可在纯柴油和柴油—天然气双燃料（混燃）两种状态随时切换，方便了船机用户对燃料的选择。

（6）经改装的双燃料发动机的一切安全保护措施不会因为改装受到影响，同时系统新设定的安全措施与原机安全保护措施可实现联动。

（7）目前我国改造的双燃料发动机的引燃方式均采用柴油引燃模式。

# 第二节　气体燃料发动机的自动控制系统

**要点**

气体燃料发动机自动控制系统组成及功用。

**必备知识**

## 一、气体燃料发动机的分类

目前我国内河LNG燃料动力试点船普遍采用总管单点喷射混燃式LNG—柴油双燃料发动机。这类发动机通常在进气总管上涡轮增压器的压气机前端安装混合器，天然气供气管路与混合器相通，发动机运转时，利用压气机进口处空气流动在混合器内所形成的真空度将天然气吸出，从而与空气形成可燃混合气，进而通过空气进气总管进入气缸。在发动机压缩行程的终点附近，一定量的燃油喷入缸内被压燃，同时引燃可燃混合气，两者在缸内一起燃烧做功。燃油不仅起到引燃气体燃料的作用，同时还提供相当一部分对外做功的能量。发动机可根据工况变化来调整燃油和天然气的比例，来适应负荷的变化。

## 二、气体燃料发动机的自动控制过程

双燃料控制系统不需要对原柴油系统进行任何改变。发动机可以仍然依靠机械调速器控制柴油来调速，也可以更换为数字式电子调速器来增加发动机的动态特性。燃气控制系统只是控制燃气的替代量，不参与调速。

当发动机工作在“双燃料运行模式”时，若此时负载发生变化（加载或减载），首先是柴油迅速的变化（加油或减油）来维持转速，然后双燃料控制器根据内部预先设定好的“全程转速范围内的最低燃油位置曲线”生成当前转速下期望的燃油供应量，通过逐渐改变燃气的供应量使燃油量逐渐逼近期望值。与此同时，双燃料控制器会监测如排气温度、冷却水温度、增压器压力、燃气压力、燃气温度等信号并通过预先设定好的曲线或曲面，同时参考当前的转速及燃油供油位置计算出燃气在当前工况下的最高限制值，从而对燃气的供应量进行最高值限制，在避免出现排温过高和爆震的情况下尽可能实现高的燃气替代率。

典型的柴油—LNG混燃电控喷射系统如图4-7所示，是为了使天然气能够作为柴油发动机的主燃料而开发的一种发动机燃料供给控制系统。该系统采用微电子控制技术，通过控制用于引燃的柴油量和用于主燃的天然气供给量，使柴油发动机转换成为柴油—LNG混燃发动机。该发动机经过改造后，可在纯柴油和柴油—LNG双燃料（混燃）两种状态随时切换，方便了船机用户对燃料的选择。由于发动机转速仍然是由原先安装在柴油机上的调速系统控制，所以发动机的动态特性仍然为柴油机的特性，可以很好地满足负载变化频繁的工况要求。普通柴油机通过加装柴油—LNG混燃电控喷射系统后，通过接收传感器信号，电子控制单元（ECU）协调控制柴油的供应量和天然气喷射量，使发动机始终工作在预先设置的各种工作状态，即通过大量实验分析获得的各种负荷下的最佳油气混合比例。图4-7中的发动机采用的是电子调速器，它采用由ECU控制的带位移反馈的控油器闭环控制来调整发动机喷油泵，根据转速和负荷增加或减少来控制燃油的喷射量。ECU电控单元根据传感器接收到的信号以及ECU内置的程序控制喷射阀的有效开度，从而调节天然气的喷射量，精确计量后的天然气进入发动机，使其获得所需的转速和功率。为了提高天然气喷射量的控制精度，该系统采用了多个流量控制阀依次参与工作的方式，从而细化了阀的工作区间和对天然气量的控制精度。

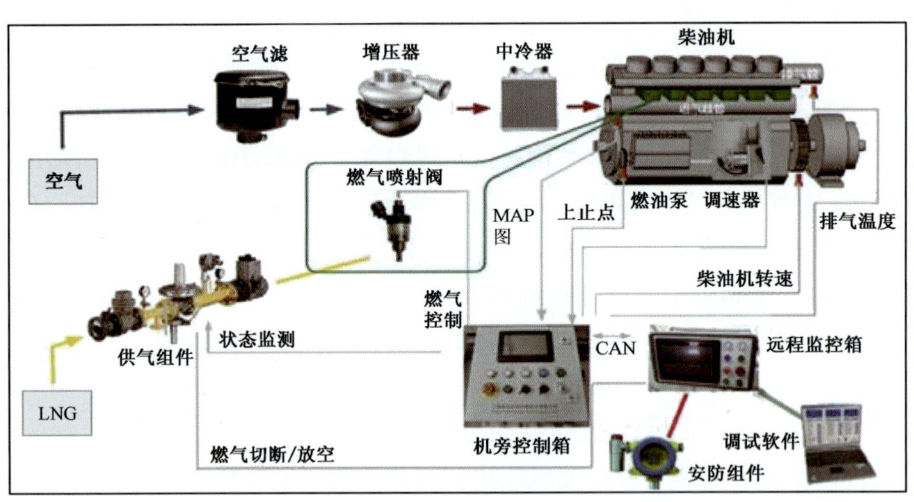


图4-7　典型的柴油-LNG混燃电控喷射系统

由于该系统的柴油量控制是通过控油器控制喷油泵来实现的，当返回到纯柴油模式时，天然气气源被切断，控油器恢复到初始状态，所以在纯柴油工作模式时，安装该系统的发动机工作模式与原机完全相同，不会影响发动机的供油，调速性能与未安装该系统前完全一致。

## 三、气体燃料发动机电控系统组成

气体燃料发动机的电控系统主要由传感器、执行器和电子控制单元三个部分组成，传感

器、执行器通过相应的电路与电子控制单元连接为一个整体。电控系统还通过电子控制单元的对外接口与安保系统进行联系。

气体燃料发动机电控系统的作用,就是根据压力信号、温度信号、转速信号、点火正时信号,按照既定的程序和自动控制功能对燃气共轨内的电磁阀导通时间(或电子蝶阀开度大小)进行控制,调节双燃料模式中燃气的比例,同时通过发动机调速器自动调节燃油供应量,保持主机转速稳定在设定转速。图4-8为某船6135柴油-LNG双燃料发动机系统图,下面就该系统做简单介绍。

LNG供给与控制系统图

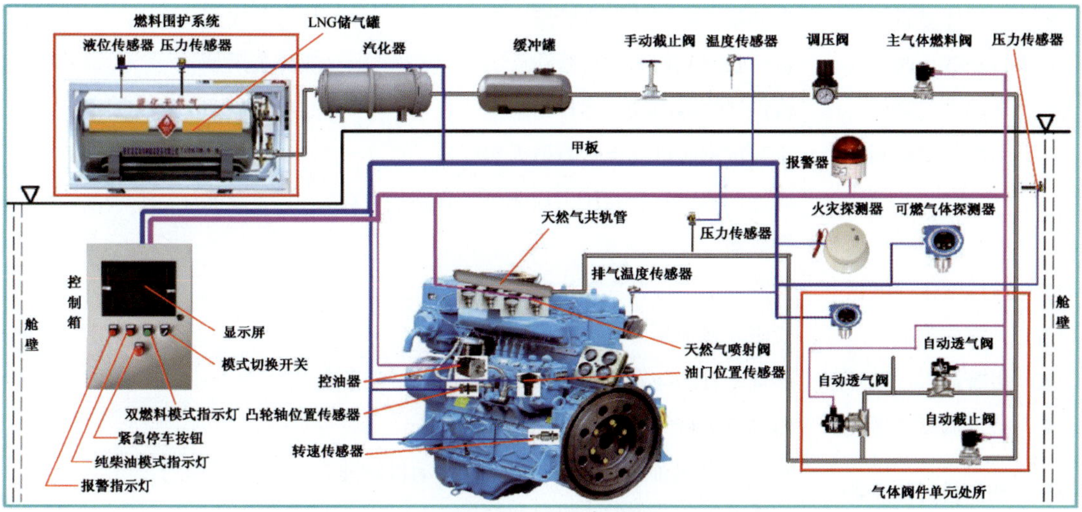

图4-8　船用柴油-LNG双燃料发动机系统图

天然气供给系统由LNG储气瓶、汽化器、缓冲罐、手动截止阀、调压阀、主气体燃料阀、自动截止阀、天然气共轨管及天然气喷射阀构成。

天然气控制系统由天然气喷射阀、控制器、油门位置传感器与转速传感器构成。

安全监控系统则由控制器、可燃气体探测器、火灾探测器、报警器及压力传感器组成,其中控制器位于控制箱中。控制箱面板上的显示屏可显示发动机转速、油门开度、气瓶内压力与液位、天然气管路压力、喷射压力、管路内天然气温度、可燃气体浓度等相关信息。各子系统均满足《天然气燃料动力船舶规范》中相应的技术要求。其系统各部件及其功能如表4-2所示。

表4-2　6135船用柴油-LNG发动机系统各部件及其功能

| 序号 | 名称 | 功能 | 备注 |
| --- | --- | --- | --- |
| 1 | LNG储气瓶 | 储存LNG | 气瓶配备组合阀，瓶内有液位传感器、压力传感器 |
| 2 | 汽化器 | LNG吸热汽化为气体 | |
| 3 | 缓冲罐 | 稳定调压阀前端压力 | |
| 4 | 手动截止阀 | 手动联通或切断供气管路 | |
| 5 | 调压阀 | 调节气体喷射阀前压力 | |
| 6 | 主气体燃料阀 | 自动联通或切断供气管路 | 故障关闭型 |
| 7 | 自动截止阀 | 自动联通或切断供气管路 | 故障关闭型 |
| 8 | 自动透气阀 | 将供气管路内的气体排出 | 故障开启型 |
| 9 | 天然气喷射阀 | 定时定量向进气支管喷射天然气 | |
| 10 | 压力传感器 | 通过监测供气管路压力检测供气管路是否存在泄漏 | |
| 11 | 可燃气体探测器 | 检测环境中可燃气体浓度 | |
| 12 | 火灾探测器 | 检测环境中是否有火灾 | |
| 13 | 报警器 | 环境中有危险发出报警信号 | |
| 14 | 排气温度传感器 | 监测各缸排气温度 | |
| 15 | 油门位置传感器 | 获取发动机油门位置信号，配合发动机转速传感器可以获得发动机负荷信息 | |
| 16 | 控油器 | 控制双燃料模式下各工况的引燃油量 | |
| 17 | 转速传感器 | 监测发动机转速 | |
| 18 | 凸轮轴位置传感器 | 获取凸轮轴位置信号确定起始喷射进气的气缸 | |
| 19 | 天然气共轨管 | 稳定喷射阀前端压力并储存一定量的天然气 | |
| 20 | 控制箱 | 监测各种发动机运行参数并发出执行信号，保证发动机安全可靠运行 | |

其工作原理如下：

发动机起动前，气瓶阀组及手动截止阀应处于开启状态，主气体燃料阀及自动截止阀处于关闭状态，发动机起动及怠速均在纯柴油模式下进行。待冷却水温及其他运行参数达到双燃料模式运行要求时，自动或手动切换至双燃料模式。此时，主气体燃料阀及自动截止阀打开，天然气由储气瓶出来后依次通过汽化器、缓冲罐、手动截止阀、调压阀、主气体燃料阀、自动截止阀、天然气共轨管，最后由天然气喷射阀喷入各缸进气支管。天然气由储气瓶出来后多为液态，经汽化器吸热变为气态。汽化后的天然气进入缓冲罐，消除了因供气流量不均造成的供气管路内压力波动。调压阀调节天然气喷射阀前端压力，保证阀前压力既不低于

临界压力,也不高于各电磁阀最大启阀压力。天然气共轨管一方面为天然气喷射阀安装提供空间,另一方面抑制了喷射阀前端压力波动。

天然气喷射量由天然气喷射阀、油门位置传感器、发动机转速传感器以及控制器共同控制。油门位置传感器和发动机转速传感器将发动机负荷信息传输到控制器,控制器里储存有供气量脉谱图,根据发动机负荷信息,控制器向天然气喷射阀发出喷射信号,天然气喷射阀向各缸进气支管喷射一定量的天然气。各缸的喷射时序则由凸轮轴位置传感器、转速传感器及控制器完成。首先,凸轮轴位置传感器发出起始喷射信号,该缸对应的天然气喷射阀打开,之后控制器根据各缸发火顺序以及转速传感器发出各缸发火间隔的角度信号依次打开对应的天然气喷射阀,完成各缸有序喷射。

双燃料模式下的引燃油量由控制器控制,控制器根据发动机油门和转速信号确定发动机负荷,通过查询存储的引燃油量脉谱图向控油器发出信号,控油器根据控制器发出信号限定各工况油泵齿条位置,完成引燃油量控制。而在纯柴油模式下,控油器与油泵齿条脱开,发动机在原柴油机状态下运行。

当机器处所内出现火灾,气体探测器检测到环境中可燃气体浓度达到危险浓度,供气管路上的压力传感器检测到管路失压等任一危险情况出现时,主气体燃料阀和自动截止阀立刻自动关闭,自动透气阀随即打开,释放管路内残留的天然气,发动机自动停车或切换至纯柴油模式运行,机舱及控制箱上的报警器发出报警信号,且在任何危险情况出现时,都可以通过按下紧急停车按钮使发动机停止运行。

停车前关闭气瓶阀组,待管路内残余天然气耗尽后切换至纯柴油模式,一切就绪后在纯柴油模式下停车。

这种设计仅在原柴油机的基础上再加装一套天然气供给系统以及在发动机旁边固定一个电子控制单元,对原机的柴油供给系统不做改动,发动机处于双燃料模式时仅用少量柴油引燃天然气,而在天然气不足或手动设定为柴油模式时,原柴油机性能不变,两种模式之间切换灵活方便。

# 第三节　气体燃料发动机的工作特点

**要点**

气体燃料发动机主要工作特点。

**必备知识**

天然气发动机燃烧过程的好坏直接影响发动机的工作性能，燃气燃烧迅速、彻底，发动机的经济性和动力性都将提高；反之则下降，并对燃烧噪声和排放有重要影响。而燃烧过程的完善程度取决于所用气体燃料的成分特性及燃料供给系统，气体燃料供气方式及控制系统将对气体燃料发动机的综合性能提高起着至关重要的作用。因此，气体燃料发动机与传统的柴油机相比，其工作性能会有所不同。工作性能的变化会直接影响到发动机的运行管理和维护保养。下面就天然气燃烧过程进行分析，从而了解气体发动机的工作特点。

## 一、天然气发动机的工作特点

1.天然气发动机混合气形成

天然气与空气的混合气形成过程不需蒸发、雾化，只需约17倍天然气的空气量，即能与空气顺利混合形成可燃混合气，这与汽、柴油机有所不同，并且，由于气体发动机不存在进气过程中燃料由液态变为气态的问题，因而也没有未参加燃烧的液态剩余燃料。所以，天然气发动机混合气浓度的变化范围很小，过量空气系数值一般为1.05 ~ 1.15，即只有5%~15%的过量空气。

2.空燃比

空燃比指的是可燃混合气中空气和气体燃料的比例，空燃比的变化（即混合气浓度变化）会导致气体燃料发动机工作性能剧烈变化。混合气一旦过浓，过量的燃料将引起发动机严重“后燃”，结果导致排气阀和排气管温度急剧上升、发动机异常振动；混合气一旦过稀，不但发动机输出功率下降，而且因天然气燃烧速度慢，将在混合器和空气滤清器内产生“回火”，严重时会烧坏混合器和空气滤清器。因此，必须调节混合气的浓度，确定最佳的空燃比。

3.充气系数的变化

LNG发动机使用的混合气是天然气和空气，天然气占据一定的气缸容积，导致相对进气量减少，充气系数下降，因而发动机功率下降。为提高充气效率，天然气发动机通常以采取进气增压及优化燃气和空气混合器的设计，提高进气效率。

4.天然气发动机的点火

天然气辛烷值可达130，但十六烷值低，使得点燃天然气所需的点火能量比点燃汽油高，多采用火花点火方式。目前LNG双燃料动力船多是改装而成的，所以采用的是柴油引燃方式，并且比火花点火方式热效率高，与传统柴油机相当，而有害物质的排放却比柴油机明显降低。

5.天然气发动机压缩比

压缩比的选取与燃料的抗爆振性能相关，抗爆振性能是用燃料的辛烷值来衡量的，辛烷值越高抗爆振性能越好，天然气专用发动机的压缩比一般可达11～12。

6.天然气发动机的燃烧阶段

与柴油机相比，由于天然气发动机初始燃烧阶段和主燃烧阶段总体比柴油机长，初始燃烧速度和主燃烧期的燃烧速度均低于柴油机，结果使燃烧持续时间增长，造成部分燃气在膨胀冲程燃烧，循环热效率下降，使有效功率减少。

因天然气燃烧的特点，使能量转换效率比汽、柴油偏低，有较多的能量转化为热量散失，致使发动机的发热量要大于汽、柴油发动机，使发动机温度偏高。

7.天然气发动机气缸的润滑

天然气发动机是以气体为燃料，不像燃油燃料一样有自润滑作用，也不像燃油燃料一样有一定的密封性，因此对润滑系统要求较高。

由以上内容可知，气体燃料发动机工作性能与传统的柴油机相比有一定程度的下降，在对其进行管理和维护时应予以重视，特别要关注发动机的进、排气阀和燃烧室部件。

## 二、天然气发动机主要燃烧部件的维护要点

1.气阀间隙

发动机的气阀间隙若过小，会使得气阀提前打开，当排气阀发生这种情况时，会导致做功行程结束之前排气阀提前打开。由于气体燃料发动机的天然气燃烧速度慢、燃烧热值高，提前打开的排气阀会导致正在燃烧的气体冲出排气阀，使气阀头部和气阀座暴露在高温排气火焰中，导致气阀烧损，严重时可能造成气阀与气阀杆在高温下熔化分离而酿成事故。因此，定期检查气体燃料发动机气阀间隙尤为重要。

2.燃烧室部件

根据天然气发动机工作特点可知，其排温较高，且失去柴油的润滑功能，因此，在气体发动机的日常管理时必须严格按照发动机的操作规程操作，定期对发动机进行保养，严禁超速、超负荷。

由于双燃料发动机既要在双燃料模式下工作，也要能工作在纯柴油模式，因此，由柴油机改造成的双燃料发动机要能够同时满足双燃料燃烧和纯柴油燃烧的要求，并充分发挥各自的长处。为提高天然气／柴油双燃料发动机的性能，在发动机设计制造时可采取以下措施：

（1）在不影响纯柴油模式下发动机性能的前提下，适当加大喷油提前角，使发动机燃用双燃料时的着火点提前。

（2）在发动机燃用双燃料时，为加速天然气的燃烧，缩短天然气燃烧持续时间，在中低负荷时应适当增加引燃柴油量。但要注意燃油引燃量过大会导致柴油替代率下降，过小会使得后燃期延长，动力性、经济性下降，而且喷油器由于燃油太少会喷射不稳定，油嘴冷却效果下降，影响使用寿命。

（3）发动机在双燃料模式下的低负荷工作时，可能会由于缸内混合气浓度较稀、燃烧状况不好而造成发动机热效率降低，还会造成发动机排气中HC排放量升高。为解决这些问题，可采取对发动机的进气进行节流，或者在低负荷时停止使用气体燃料，使发动机在纯柴油模式下工作。在发动机的负荷超过一定值后，再逐渐增加天然气的燃烧量。

## 扩展知识

### 液化天然气的燃烧特性

#### 一、燃烧范围

对于天然气，在空气中达到燃烧的比例范围比较窄，其燃烧范围为5%～15%之间，即体积分数低于5%和高于15%都不会燃烧。由于不同产地的天然气组分会有所差别，燃烧范围的值也会略有差别。LNG的燃烧下限明显高于其他燃料，柴油在空气中的含量只需要达到0.6%（体积），汽油达到1.4%（体积），点火就会燃烧。

在-162℃的低温条件下，其燃烧范围为体积分数的6%～13%。另外，天然气的燃烧速度相对比较慢（大约是0.3 m/s）。所以在敞开的环境条件下，LNG和蒸气一般不会因燃烧引起爆炸。天然气燃烧产生的黑烟很少，导致热辐射也少。

#### 二、着火温度

可燃气体与空气混合物，在没有火源情况下，达到某一温度后，能够自动点燃着火的最低温度称为着火温度。着火温度并不是一个固定值，它和空气与燃料的混合浓度和混合气体的压力有关。可燃气体在纯氧中的着火温度要比在空气中低50～100℃。即使是单一可燃组分，其着火温度也不是固定值，与可燃组分在空气混合物中的浓度、混合程度、压力、燃

烧室特性等有关，如表4-3所示。工程上实用的着火温度应由试验确定。

表4-3 LNG与其他燃料比较

| 名称 | LNG | 丙烷 | 柴油 | 汽油 | 甲醇 | 乙醇 |
|---|---|---|---|---|---|---|
| 着火温度/℃ | 538 | 493 | 252 | 257 | 464 | 423 |
| 燃烧范围/%(体积) | 5 ~ 15 | 3.4 ~ 13.8 | 0.6 ~ 5.5 | 1.4 ~ 7.6 | 6.7 ~ 36 | 3.3 ~ 19 |
| 亮度/% | -60 | 60 | 100 | 100 | 0.03 | 3.0 |
| 蒸气密度/(kg/m³) | 0.60 | 1.52 | ≥4 | 3.4 | 1.1 | 1.59 |

甲烷性质稳定，以甲烷为主要成分的天然气着火温度较高。在大气压条件下，纯甲烷的平均自动着火温度为650℃。如果混合气体的温度高于自动着火点，则在很短的时间后，气体将会自动点燃。如果温度比着火点高得多，气体将立即点燃。LNG的自动着火温度随着组分的变化而变化，例如，若LNG中碳氢化合物的重组分比例增加，则自动着火温度降低。

除了受热点燃外，天然气也能被火花点燃。如衣服上的静电，也能产生足够的能量点燃天然气。因此，工作人员不能穿化纤布（尼龙、腈纶等）类的衣服操作天然气，化纤布比天然纤维更容易产生静电。

### 三、燃烧速度

燃烧速度是火焰在空气—燃料的混合物中的传递速度。燃烧速度也称为点燃速度或火焰速度。天然气燃烧速度较低，其最高燃烧速度只有0.3 m/s。随着天然气在空气中的比例增加，燃烧速度亦增加。

## 第四节 气体燃料发动机的操作程序

**要点**

熟练掌握气体燃料发动机的操作程序。

**必备知识**

在船舶动力气体燃料系统中根据柴油机的运行特点，为保障柴油机安全稳定运行，对于

柴油机运行模式的选择有严格的要求，以免造成转换失败报警或运行中的停车故障，表4-4为柴油机运行模式选择表。

表4-4 柴油机运行模式选择表

| 状态 | 柴油模式 | 油气模式 | 备注 |
| --- | --- | --- | --- |
| 停机 | √ | | 气路关 |
| 起动 | √ | | 气路关 |
| 变速 | √ | | 气路关 |
| 稳定低负荷 | √ | | 气路关 |
| 稳定高负荷 | | √ | |

注："√"表示所处状态

从表中得知，起动、正常停车、怠速、低负荷等工况时应仅使用燃油模式。正确操作气体燃料发动机的程序如下：起动前的准备——起动主机——纯柴油模式——纯柴油模式稳定运行——双燃料模式运行——纯柴油模式稳定运行——停车。下面详细介绍内河双燃料船舶气体燃料主机的操作程序。

## 一、起动前的检查准备

（1）柴油机起动前的检查准备按正常程序进行，按照空气系统、冷却系统、燃油系统、滑油系统等逐项进行。

（2）气体燃料供应系统准备：

①安保系统自动检测，报警系统测试是否正常。

②供应系统各阀件开关正确。

③双燃料控制柜检查并合上电源。

④将柴油/双燃料开关置于"纯柴油"模式。

## 二、起动

（1）当接到起动发动机的命令，应在纯柴油的模式下起动和操纵发动机。

（2）发动机加速过程要匀缓，发动机如有临界转速区需要迅速越过，严格禁止发动机超负荷运行。

（3）如果起动失败，应将操纵手柄扳回停车位置后再次起动。

（4）检查并保持空气瓶内空气压力不低于2 MPa，注意检查发动机工况，调节油、水、气的压力和温度至正常工作范围内。

## 三、纯柴油模式转换为双燃料模式

(1)当发动机在纯柴油模式下稳定运行一段时间后，将LNG热交换器(以水浴式热交换器为例)的热水循环系统投入运行，为发动机由“纯柴油”模式转换为“柴油—LNG”双燃料模式做准备。

(2)调节气体燃料系统中调压阀，将气体燃料的压力调节至满足发动机要求值，沿气路检查供气系统各阀件、管路、接头有无漏泄。

(3)接到驾驶台的定速指令后，如果发动机功率已经超过额定功率15%以上，将柴油/双燃料切换开关切换至“柴油—LNG”双燃料模式，发动机进入“柴油—LNG”双燃料模式。

(4)船舶如果配置了双主机，切换时应先切换一部主机，运转15 min后无异常情况再切换另一部主机。在切换模式后应注意主机车速的稳定性。

## 四、正常运行的管理

在双燃料主机运行期间，轮机部值班人员应熟悉相关设备、各种运行参数值以及相关的操作流程和注意事项，加强机舱和气体燃料系统的巡视，发现异常应及时处理。具体检查内容如下：

(1)密切监视发动机的转速、油压、油温、水温、排烟等运行参数。

(2)使用双燃料模式，不应急速加减油门，保证发动机的正常运行。

(3)加强机舱和气体燃料系统的巡视，检查有无异响、超高温、异味等，若发现异常及时处理。

(4)加强通风系统、消防系统及安保系统的检查，一旦发现故障，应立即停止使用气体燃料。

## 五、双燃料模式转换为纯柴油模式

如船舶航行至特殊水域或对船舶操纵性要求较高的水域时，应将发动机的双燃料模式转换到纯柴油模式下运行。离开上述水域后发动机可以恢复双燃料模式。

## 六、停车

船舶需要正常停车时，驾驶台应提前通知轮机部，以便轮机部做好相关准备，当轮机部接到需要停车的命令后，应：

(1)先关闭LNG气罐供液截止阀，其他阀件保持不变。发动机运行一段时间以后，再关闭热交换器进液阀门，最后关闭热交换器的热水循环系统。

(2)将“柴油—LNG”双燃料模式切换至“纯柴油”模式，使发动机在纯柴油模式下运行一段时间，通知驾驶台可以停车(或者机动用车)。

(3)在停车前需要先逐步减速,降低发动机负荷。

(4)接到停车指令后,将喷油泵油门手柄转换至切断油路位置上,发动机停车。

(5)停车后,应保持冷却水泵和滑油泵继续运行半小时后方可停止。

(6)船舶完车后,应停止机舱强制通风的运行,关闭安保系统和双燃料控制柜的电源开关。

# 第五节　气体燃料辅助装置

### 必备知识

## 一、惰性气体系统

惰性气体系统目前分为两类:一类氮气瓶系统,另一类是惰性气体发生器。

1.氮气瓶系统

氮气瓶系统,即船上装有氮气瓶组,氮气使用完后由岸基提供充装,一般小型LNG燃料动力船舶多采用这种方式提供惰性气体。

2.惰性气体发生器

大型LNG燃料动力船舶一般设有惰性气体发生器,目前船舶上主要有烟气式惰性系统、中空纤维膜氮气系统和变压吸附式氮气系统。

(1)烟气式惰性系统

①烟气式惰性气体系统。就是利用船上主、辅锅炉的烟气,经过洗涤塔对其冷却、除硫、除尘。检验合格的惰性气体,通过风机经甲板水封送至惰性总管中,然后送至用气单元。

②惰气发生器式惰性气体系统。这种惰性气体是由独立发生器惰气装置提供,它通过在该装置的燃烧室内燃烧一般的轻质柴油或重油,通常惰性气体的含氧量在0. 1%以下,产生的烟气经过冷却和净化处理后输送到用气单元。

③组合式惰性气体系统。既可以作为烟气惰气装置使用,即冷却净化烟气使之变为合格的惰性气体,也可以作为独立发生器惰气装置使用,即在空气助燃下,燃烧油或燃气产生高质量的惰气,还可将发动机或燃气轮机排出的废气再燃烧,产生合格的惰性气体。

(2)中空纤维膜氮气系统

中空纤维膜氮气系统使用空气为原材料,经过空压机、冷却机以及关键的中空纤维膜组,使氧气等先渗透掉,后渗透的氮气即为所需要的惰气,局限性是氮气产量小。

(3)变压吸附式氮气系统

变压吸附式氮气系统与中空纤维膜氮气系统类似,关键的是用变压吸附塔代替其中的中空纤维膜组,内填有碳分子筛,此法噪声比较大,但是可以通过附件纯化装置达到99.999%的氮气,局限性是氮气产量小。其原理是利用活性炭层作为分子筛,当空气流过时活性炭吸收氧气而让氮气通过,从而获得高纯度的氮气。吸氧饱和后的活性炭层排出富氧废气后,可以还原再生。

## 二、再液化装置

再液化是把天然气的低温蒸发气(Boil Off Gas)通过低温制冷让它变成液态,它是从低温到更低温的一个制冷过程。再液化装置有全部再液化装置、自持式再液化装置、部分再液化装置三种型式。

1.全部再液化装置

全部再液化装置的特点是利用制冷装置将所有的蒸发气全部进行液化,制冷装置的动力不是(或非直接)取自于使用蒸发气产生的能量。

2.自持式再液化装置

自持式再液化装置就是靠部分蒸发气燃烧来推动燃气透平,或让部分蒸发气在锅炉中燃烧产生蒸气带动蒸汽透平,以满足再液化装置所需要的动力,让其对剩余的蒸发气再液化。采用此种方法就不需要消耗额外的能量。实现了蒸发气再液化的"自给自足"。研究表明:大约消耗1/3的蒸发气可以使得2/3左右的蒸发气得到回收,因此有很高的经济价值。

3.部分再液化装置

部分再液化装置是利用一部分蒸发气吸热,使其中另一部分蒸发气冷却液化的装置。即将蒸发气的30%进行再液化,其余的部分除了用于再液化过程的热交换之外,可在主锅炉内作为燃料烧掉。这种再液化装置,非常适用那些蒸发量高而主机用不完这些蒸发气的LNG运输船。

# 第五章

# 通风系统和控制、监测、安全系统

# 第一节　通风系统

**要点**

机器处所通风要求。

## 必备知识

### 一、一般要求

(1)任何用于危险处所的通风管道应与非危险处所的通风管道分开,船舶营运的所有环境条件下都应能通风,驱动风机的电动机应安装在通风管道之外。

(2)通风系统所要求的通风能力通常基于舱室的总容积来确定。对于形状复杂的舱室,应适当考虑增加通风能力。

(3)通风系统应确保其所服务的处所内具有良好的空气环流,特别是确保处所内不会形成气井。

(4)危险处所的通风管道不应穿过起居处所、服务处所或其他类似处所。

(5)气体危险区域内人员不经常进入的空舱及类似处所,可采用认可型移动通风装置。

(6)危险处所使用的风机风扇和通风导管(仅指风扇处)应为按如下规定的非火花结构:

①非金属结构的叶轮或机壳,对消除静电应予以适当注意。

②有色金属材料的叶轮和机壳。

③奥氏体不锈钢叶轮和机壳,以及铁质叶轮和机壳,其设计的叶梢间隙不小于13 mm。

④对于铝合金或镁合金的固定或旋转部件与铁质的固定或旋转部件的任何组合,不论其叶梢间隙多大,均认为有产生火花的危险,故不能用于气体危险处所。

⑤对于以上每种型式的通风机,均应配有备件。在通风管的外部开口处,设置方形网孔不大于13 mm的防护网。

(7)当通风系统失效时,控制站必须有相应的报警和显示。

(8)含气体源的处所的通风进气口,应布置在气体危险区外的位置。对于采用机械抽风的系统,抽风机的每根进风管的风口应根据气体燃料可能聚集的区域进行布置:如采用天然

气为燃料，其进风口一般应布置在舱室的上部。

（9）非危险封闭处所的进气口应设置在非危险区域，其距离任一危险区域的界限至少为1.5 m。进气管贯穿多个危险处所时，其应具有高于所贯穿处所压力，除非进气管的气密性可确保气体不会渗入其内。

（10）非危险处所的排气口应布置在危险区域外。

（11）危险围蔽处所的空气进口所在的区域，在没有设置该空气进口时，应为非危险区域。

（12）危险围蔽处所的空气出口应位于露天区域，露天区域在没有设置该空气出口时，其危险性应等同于或小于该危险围蔽处所。

## 二、气罐连接处所通风要求

（1）气罐连接处所应安装有效的抽吸式机械通风系统，其每小时换气至少30次。

（2）风机的数量和功率应满足：无论风机电动机由主配电板或应急配电板设独立线路供电还是由主配电板或应急配电板设公用线路供电，当其中的一组风机失效时，其能力降低不应超过50%。

（3）气罐连接处所的风道内应设有经认可的故障安全型自动防火风闸。

（4）气罐主阀处于开启状态时，通风系统应持续运行。

（5）通风系统应独立于其他通风系统。

## 三、机器处所的通风要求

（1）本质安全型机器处所。机器处所内供气管路通风导管的通风系统应满足本节第五点双壁管对通风系统的要求。当发动机处于燃气模式时，通风系统应持续运转。

（2）ESD防护式机器处所，应有每小时至少换气30次的通风能力。通风系统应确保所有空间内具有良好的空气环流，尤其在确保室内不会形成气井。作为替代，可接受在正常操作下机器处所的通风能力为每小时至少换气15次，前提是如在机器处所内探测到可燃气体，换气量将自动增加至每小时30次。

（3）增强安全型机器处所，通风系统应独立于其他通风系统。机器处所应有每小时至少换气30次的通风能力。风机的数量和功率应满足：无论风机电动机由主配电板或应急配电板设独立线路供电还是由主配电板或应急配电板设公用线路供电，当其中的一组风机失效时，其他组风机仍能满足机器处所规定通风能力的要求。通风系统应与发动机实现燃气模式运行联锁，即当通风机开启至少10分钟以后，发动机才能采用燃气模式运行，当风机因故关停时，发动机应能自动转换为燃油模式。

## 四、双壁管的要求

（1）双壁管内的通风系统应为抽吸式机械通风系统，应具有每小时至少换气30次的通风能力。若通风系统内的气体探测设备探测到发生泄漏时，导管内自动充灌氮气，则通风能力可减至每小时换气10次。

（2）风机的数量和功率应满足：无论风机电动机由主配电板或应急配电板设独立线路供电，还是由主配电板或应急配电板设公用线路供电，当其中的一组风机失效时，其能力降低不应超过50%。

# 第二节　控制、监测、安全系统

**要点**

了解气体探测仪器布置的位置和报警值的设定。

## 一、气体探测作用

在双燃料动力船舶上，气体燃料的设备管理和安全显得尤为重要，为了监测燃气的泄漏和及时自动切断供气系统，LNG燃料动力船舶设置了控制、监测、安全系统，俗称安保系统。该系统对LNG燃料进行全面的监测和控制，主要包括LNG燃料气罐的状态、燃料供应管系的状态、气体燃料发动机的状态、机舱及罐区的温度和可燃气体浓度等。一旦有危险（或潜在的危险）状况发生，该系统将自动采取相应的动作，例如发出报警、关闭燃料供应阀等。

## 二、天然气气体探测布置

（1）根据天然气燃气的密度比空气轻的特点，气体探头必须安装在处所以及管路的上方，同时探头的数量必须满足表5-1所示要求。

表5-1　气体探测器各位置探头最少数目

| 位 置 | 各单独处所内所安装的独立探测器最少数目 |
|---|---|
| 气罐处所 | 2 |
| 机舱内 | 4 |
| ESD防护式机舱 | 2 |
| 其他设有气体管路的封闭处所 | 2 |

（2）若所使用的固定式气体探测器具有自检功能，各单独处所内所安装的独立探测器的

最小数目可为1台。

(3)探测装置应布置在气体可能泄漏聚集的地方或布置在通风出口处,使其探测的气体浓度真实反映处所浓度。

## 三、气体探测设定

(1)机舱内燃气管系的阀件一般集中安装在一个适当气密并由自身的采样点监视的钢质箱中,由气体探测器对其进行实时检测。当气体浓度高于爆炸下限的20%时,应当声光报警。当气体浓度超过40%爆炸下限时应切断供气。

(2)对于机舱内气体管路环围的通风导管,报警极限可设定在爆炸下限的20%,保护系统动作可设定在爆炸下限的40%。

## 四、报警及保护

(1)气体探测装置的声光警报应布置在驾驶台和机舱控制室里,同时探测装置应有必要的手动试验功能,以免装置自身出现故障,危及船舶安全。每次开航前必须进行试验检查。

(2)气体管路的环围导管和机舱必须进行连续检测且无任何延时,一旦出现气体燃料泄漏立即自动关闭电磁开关阀,停止向管路供气。

# 第六章

# LNG燃料的加注作业

- 第一节　LNG燃料的加注作业操作程序
- 第二节　燃料的测量和计算
- 第三节　加注期间意外情况的处理程序

# 第一节　LNG 燃料的加注作业操作程序

**要点**

LNG 燃料的加注操作程序。

## 必备知识

### 一、LNG 燃料加注作业前的准备

(1)作业人员应穿戴防静电、防冻服,防静电工作鞋及佩戴专用手套。

(2)使用的照明设备和对讲机必须是防爆型的,严禁烟火。

(3)关闭好生活区通往外部的门窗,生活区空调设备采用部分外循环方式以保证室内处于正压状态,同时保持连续通风。

(4)靠泊期间艏艉外档各备妥一根防火缆。

(5)船舶和加注方备好至少两瓶 6 kg 以上的手提干粉灭火器,大型干粉灭火器备妥处于随时可用状态。

(6)备好防毒及安全装备。

(7)连接好船岸接地线,要接两组以上。

(8)靠泊期间,不得进行加油、加水和有碍船舶动力的维修保养工作。

(9)确定应急措施和船岸通信联系方法及船(岸)的接收压力和速率。

(10)船岸双方确定上下船安全通道。

(11)备妥救生圈。

(12)对液位报警装置进行试验。

(13)压力监视系统处于良好的工作状态,超过设定的压力时应发出报警。

(14)温度指示装置处于良好的工作状态,当达到许可的最低温度时应发出报警。

## 二、连接和断开燃料加装软管或加注臂的程序

(1)检查并关闭管线上所有的阀门。关闭阀门时,应在完全关闭后,回开1~2转,然后再完全关死,这样可以将沉积在阀底的污物排除掉,使阀门关严。

(2)打开装液管线上的阀门。当全开阀门时,应回转1/4转,以免阀门受到过高的液压冲击卡死。

(3)检查软管,管上所标的试验压力,应能满足最大的工作压力。

(4)由于管线内有较高的压力,拆卸盲板前,须将管线内的高压气体经透气桅放掉,然后打开盲板,接好岸管(液相管和气相管)。

5. 用货物蒸汽或岸上的氮气置换软管内的空气,供气及排气的速度要缓慢进行。置换合格后,进行压力试验(用涂抹肥皂水法检查接口法兰的气密情况)。

## 三、LNG燃料加注的操作程序

(1)储罐吹扫:船舶LNG储罐首次使用前应用干净氮气进行吹扫,最大压力应相当于最大工作压力的50%,或者不低于0.2 MPa。在吹扫前,应拧松液位计两端的接头,完全打开液位显示液相阀和液位显示气相阀,检查排放的气流中是否含有水分。如有水分应继续排放,直到无水分时停止排放并将液位计两端的接头拧紧,并关闭平衡阀,使液位计处于正常工作状态。

(2)预冷:操作方法见第二章第五节。预冷过程要注意安全,若船舶气罐压力超过0.7~0. 8 MPa,打开其旁通阀泄压。发现问题及时处理;否则要立即停止预冷。

(3)充装:当船舶LNG气罐有液位时,打开气罐底部和顶部的进液阀门,罐顶、底部同时充装,加速LNG进液,操作中注意加注方和船舶LNG气罐的压力、液位的变化。

(4)当充装到储罐容积的50%以上时,应关闭上部进液阀。

(5)当充装到储罐容积的85%时,应关闭底部进液阀,并停止充装3 min以使罐内液面平静,然后打开底部进液阀继续充装,直到有液体从充满溢流口阀流出时,立即关闭溢流口阀,停止充装及关闭底部进液阀。

## 四、加注作业后的操作和检查

(1)充装结束时,及时通知岸上人员。

(2)关闭加注方的LNG液相阀,打开气相阀,将加注管线中的LNG吹入船舶气罐,然后关闭船舶气罐顶部进液及底部进液阀,最后关闭加注方的气相阀。

(3)拆管前,先用惰性气体将管线内的燃料扫入岸罐或储罐内,再经透气桅将管线内的压力排放至零,然后用铜制扳手将出口螺丝卸掉,注意防止铁器之间的撞击。

(4)最后拆除接地线。

(5)填写充装记录,关闭充装系统的支路充装阀。

## 五、LNG燃料加注注意事项

(1)LNG燃料加注作业应当选择在白天进行;在加注LNG燃料作业期间,禁止其他船舶并靠。

(2)充装作业人员必须穿棉布工作服和不带钉的鞋,以及配戴工作手套。充装作业时,不许在台上穿、脱衣服。

(3)所有阀门操作应缓慢,严禁快速开、关操作,且不要面对阀门操作。

(4)在LNG燃料加注作业期间,LNG燃料动力船和加注方的消防设备应当处于随时可用状态。

(5)加注LNG燃料的船舶进入港区后,必须严格服从港区的调度和安排。

(6)充装过程,电台发射天线接地,禁止使用雷达和发报机。

(7)如遇下列情况时,不得进行加注作业:雷电天气;附近发生火灾或明火;燃气泄漏;压力异常;夜间或能见度不足100 m,有不符合作业方案的情况或作业前检查不合格的;有其他不安全因素的。

(8)开始装液时,为防止产生静电,应慢速进行(流速不超过1 m/s),当确认一切正常后,缓慢加速至正常速度。

(9)值班人员要不间断地进行前后巡视,定时检查并记录液面高度。严禁触及结霜处,以防冻、灼伤。

(10)充装现场必须悬挂醒目的警示牌,禁止任何客人登船参观。

(11)燃料罐严禁超载,燃料罐充装系数不超过0.90,如超过此充装系数,可能会导致严重的人员伤害和重大安全事故。

(12)新罐或检修后首次使用,必须对内容器进行抽空或用氮气进行置换处理,并做含氧量分析,含氧量不得超过0. 3%;否则,绝不允许充装(内容器中如有空气,充装时有可能发生天然气与空气的混合达到爆炸极限而爆炸,所以对此项操作必须严格执行)。

## 扩展知识

### LNG燃料的加注方式

LNG动力船舶使用双燃料发动机提供动力,需要船舶在燃油舱的基础上增加LNG储气罐,随之而来的就是如何向LNG动力船舶加气的问题。尽管“油改气”在技术上已经成熟,但“加气难”成为其全面普及的瓶颈。由于燃油和LNG理化性质的巨大差异,以往的燃油加装方式不适用于LNG燃料的加装,因此需要寻求新的、合适的加气方式来满足LNG的加

装。LNG相对于燃油的加装更加严格，对加气管路也有很高的要求。轻质燃油可在常温加装，而重质燃油为了降低黏度，方便加装，温度一般为零上几十度，但都不需要绝热保温等措施。而LNG的储存温度为-163℃，为了防止LNG在加装过程中吸热汽化，必须使用具有一定绝热保温功能的管路进行作业。

对于LNG动力船舶燃料的加装，首先是要注意安全问题，要有配套的安全设施，以应对LNG加装过程中的突发事故。目前认为可行的LNG燃料加装方式主要包括:储气罐加气、岸基加气、船基加气以及浮仓加气。

## 一、储气罐加气

储气罐加气方法最为简单，即将LNG充装入特制的LNG低温储气罐内，通过LNG槽罐车运至码头岸边直接给小型船舶加气，如图6-1所示。

图6-1　LNG槽罐车为小型船舶加气

使用LNG气罐加气的优势明显，即短期内便可获得明显的效益，对于江河及沿海的小型船舶适应性较好。但是对于大中型国际航线船舶，由于发动机功率较大，耗气量大，且为了保持足够的续航力，船舶配备的储气罐容积较大，此时轻便的LNG气罐加气方式已经不再适用。

## 二、岸基加气

岸基加气方式需要在码头近岸建立大型的LNG储存设施，然后通过具有绝热保温功能的管路，为船舶加气。此种方式需要有很大的前期投入，投资期较长，但是长期收益明显。

目前已有的LNG接收站主要用来接收、储存、汽化并向外输送天然气，包括LNG码头和LNG储罐区。如果将LNG接收站进行功能改进，使其具备上述功能的同时，可为LNG动力船舶加气，则会使其效能得到更充分的发挥。

目前，国内LNG动力船舶的推广主要在内河进行，因为内河船大多使用轻柴油作为推进动力，其使用LNG作为替代燃料的价格优势明显，得到了船东的青睐；而大型远洋船舶普遍使用重油作为动力燃料，价格优势大大降低，其推广使用LNG作为动力燃料主要是为了满足排放要求，如图6-2所示。

图 6-2　岸基 LNG 加气站实例

岸基加气和储气罐加气存在的缺点是在加气过程中影响货物的装卸，相对于以前的燃油加装需要额外的时间，此时，可以将 LNG 集装箱罐直接放在小型船舶上，即可实现海上加气。

## 三、船基加气

船基加气需要建造一定数量的小型 LNG 加气船，类似燃油加油船，从 LNG 接收站或者 LNG 船获得 LNG，然后对目标船舶进行加气。燃油的加装基本都使用这种方式，具有很强的灵活性，不像岸基加气需要固定加气地点。对于不能进港的超大型船舶此种方法更为合适，且在加气过程中不影响船舶装卸货作业。

相对于岸基加气，此种加气方式投资期相对较短，投资也相对较少，目前已经出现了一些小型 LNG 船，如图 6-3 所示，但此种船舶与加气船在功能上仍略有差别。

图 6-3　小型 LNG 加气船

## 四、浮舱加气

加气浮舱类似于 LNG 海上接收站，需要建造大型的海上 LNG 冷冻船作为 LNG 储库，漂浮于海面或有足够吃水的江面上，LNG 船可直接将货物卸放到此类接收站，为来往船舶加气。LNG 动力船舶需要加气时直接靠近浮舱，连接管道后进行加气。

此种方式投资额较大，还需要考虑 LNG 浮舱的选址问题，最好选在海况好的天然港湾，但是前景较好，省去了岸基加气需要靠港的麻烦，且能满足超大型船舶需气量大且难于进港

加气的要求。

为了清楚四种加气方式的优缺点，在表6-1中进行了简单归纳。

表6-1　四种加气方式优缺点对比

| 加气方式 | 优点 | 缺点 | 适用范围 |
| --- | --- | --- | --- |
| 气罐加气 | 加气灵活 | 加气量小，效率低 | 内河及沿海 |
| 岸基加气 | 加气量大，效率高 | 加气点固定，延长了靠泊时间 | 内河及沿海 |
| 船基加气 | 加气灵活，可在装卸货物时加气 | 不适合狭窄航道内，存在安全隐患 | 沿海 |
| 浮舱加气 | 加气量大，效率高 | 加气点固定，延长了靠泊时间 | 沿海或水深足够的内河 |

国内船舶LNG燃料使用研究起步较晚，配套的LNG燃料加注规范、标准还不成熟，LNG船舶加注尚处于起步阶段。现在主要采用技术最成熟的槽罐车—船加注方案，下面着重介绍槽罐车对内河LNG动力船加注的操作方法。

# 第二节　燃料的测量和计算

**要点**

掌握LNG燃料加注体积量的测量方法。

## 必备知识

LNG燃料动力船舶加注后，需要对加注量进行测量和计算，确定实际加注的数量。目前，我国内河LNG燃料动力船舶的加注方普遍采用以重量为基准来进行结算，结算单据上注明的是加注LNG的重量。

### 一、燃料体积测量

与船舶加注柴油相似，加注LNG后只能测量出加注的燃料体积，然后需要根据相关的计算才能得出燃料的重量。测量加注的LNG的体积有两种方式，一种是流量计法，另一种是液位计法。

1.流量计法

流量计法是通过加注方的流量计进行计量，一般在加注前将流量计的读数清零，加注后流量计的读数即为加注的体积。

2.液位计法

液位计法是观察船舶气罐液位计的读数，气罐液位计是根据压强来测得罐体中的液位高度，罐体上一般都张贴了气罐生产厂家提供的液位高度与体积的对照表，根据加注体积量直接查出加注重量。如表6-2为典型的15 $m^3$气罐的舱容对照表。

表6-2 15 $m^3$气罐的舱容对照表

| 液位（$mmH_2O$） | 液化天然气容积（L） | 液位（$mmH_2O$） | 液化天然气容积（L） |
|---|---|---|---|
| 20 | 95 | 600 | 12 621 |
| 200 | 2 966 | 700 | 14 570 |
| 400 | 7 776 | 728 | 15 000 |

## 二、燃料重量计算

得出加注的体积量后需要进一步计算得出加注的重量，重量的计算公式如下：

$$m_L=V_t\times\rho_t\times\rho$$

$m_L$——LNG在真空中的重量，t；

$V_t$——测量温度下由流量计或液位计得出的LNG体积，$m^3$；

$\rho_t$——加注单据给出的LNG密度，$t/m^3$；

$\rho$——液体从测量温度到15℃时的体积膨胀系数。可根据$\rho_{15}$和测量温度$t$查ASTM-IP中表54或JISK2250中的表得到。

例如，某船一次加注LNG燃料后，加注方的流量计在加注后的读数是25.0 $m^3$，加注前的读数是15.0 $m^3$，加注单据上给出的LNG的密度$\rho_t$是0.445 $t/m^3$，加注温度是−130℃，加注的重量可以通过以下的计算得出：

$$V_t=25.0-15.0=10.0\ m^3$$

$$\rho_t=0.445\ t/m^3$$

根据ASTM-IP中表54查得−130℃时膨胀系数$\rho$=0.896。因此，该船这次加注的LNG燃料的重量是：

$$m_L=V_t\times\rho_t\times\rho=10.0\times0.445\times0.896=3.9872\ t$$

### 扩展知识

目前，大多数LNG气罐装有电容式液位计，可以直接在其显示屏上读出加注的体积量，

如图6-4所示为DYQ-4电容式液位计工作原理图。

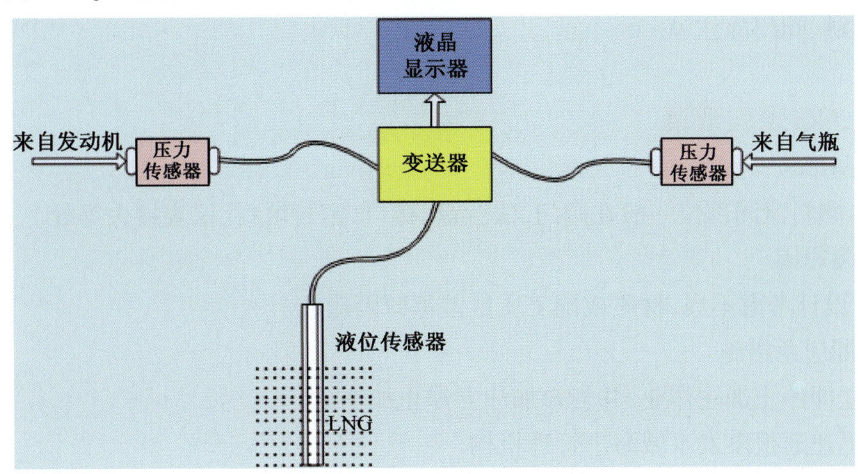


图6-4　DYQ-4电容式液位计工作原理图

图6-4中变送器上连接有两个压力传感器和一个液位传感器，所有的模拟量都通过变送器进行数据转换和处理，最终数据以包的形式送与液晶显示器显示 。

气瓶内液体的体积采用间接测量的方法，当传感器浸没在LNG液体中时，传感器电容值发生变化，再根据电容值与液位高度的函数关系得出液位高度值，再根据液位高度与体积函数关系直接显示出气瓶内的体积量。

这种液位计还能同时检测出气瓶当前压力和发动机前端压力，且具有一屏多视的功能。

# 第三节　加注期间意外情况的处理程序

**要点**

加注LNG燃料时可能发生各种意外情况时的紧急处理措施。

## 必备知识

船舶在加注LNG燃料期间，若发生意外情况，应紧急、正确地按照处理程序进行操作，尽量缩小或避免事故的扩大，防止危及人身和船舶的安全。

一般可能会发生的意外情况有LNG燃料泄漏、人员冻灼伤、火灾、LNG气罐压力过高、安全阀起跳、阀门冻住等。

## 一、LNG燃料泄漏

1.泄漏部位

LNG燃料泄漏部位一般在阀门、法兰盘、接口、密封填料、仪表接头等处。

2.泄漏原因

由于设计考虑不周、材质或施工质量差等原因造成。

3.泄漏应急措施

(1)立即停止加注作业,并告知加注方停止加注。

(2)迅速通报事发水域海事管理机构。

(3)查明泄漏点位置,立即关闭泄漏点上、下游阀门,隔断泄漏点。

(4)操作人员不得站在下风口,船舶其他人员立即疏散。

(5)迅速备好消防器材,做好外援施救准备。

(6)采取措施堵漏。

(7)防止人员冻伤,若有冻伤人员应立即抢救。

(8)若LNG气罐发生泄漏,罐区上部本身有水喷淋系统,需派专人值守并开启喷淋系统,加大雾水喷淋,直到LNG燃料自动卸放完毕。

(9)为防止发生LNG泄漏后对船体造成低温损伤,可以采取安装的临时不锈钢集液盘(如图6-5)或采取水幕进行保护(如图6-6)。事后应对船舶的船体强度、结构等进行检查。

图6-5　移动式不锈钢集液盘

图6-6　水幕保护船体

## 二、人员冻伤

1. 冻伤原因

(1)操作时直接接触到LNG低温设备或管道的表面。

(2)泄漏的LNG飞溅到身体上。

2.冻伤应急措施

(1)将受伤者迅速送至温暖的室内,脱去寒冷潮湿的衣服、鞋袜,若已经冻黏住不可强行脱下,必须解冻后脱下。

(2)迅速恢复伤员的体温,用40~42 ℃恒温热水浸泡,要求在短时间内(即20 ~ 30 min)使其体温迅速提高至接近正常温度,不宜浸泡过久。

(3)手部的冻伤,可在与体温(37 ℃)差不多的温水中反复浸泡,每次浸泡45 s后取出,直到冻伤部位恢复正常体温为止。一时无法获得温水可局部用手揉搓或置于救护者怀中、腋下慢慢复温为宜。

(4)有水疱者不可摩擦或按揉患处,一般不应破坏水疱的完整性,对于大水疱妨碍治疗时可用消毒注射器抽干或于基底部剪破引流。

(5)在冻伤部位外涂呋喃坦啶霜或冻疮膏,涂药厚度不少于1 mm,每日1 ~ 2次,有感染时也可涂用,然后用无菌纱布轻裹患处。

(6)如果伤员在船上不能得到及时救治,应该立即将其送至附近医院。

## 三、火灾

1.发生火灾原因

加注LNG期间发生了泄漏,LNG受到外界热源而蒸发,又遇到了合适的点火源,发生火灾事故。

2.火灾应急措施

(1)立即停止加注作业,并发出火灾警报。

(2)立即疏散人员和过往船舶,根据情况拨打119报警。

(3)在确保自身安全的前提下,力所能及进行扑救,控制事态发展。若火势无法控制,立即向外部救援力量求援。

(4)若有人员受伤,做好伤病员的抢救工作。

(5)迅速备好灭火器材,做好接应外部救援力量准备。

## 四、窒息

1.窒息原因

发出LNG大量泄漏,导致环境处LNG气体积累过多使空气中氧气浓度稀薄,从而使人员出现昏迷甚至窒息事故。呼吸LNG低温蒸气有损健康,短时间内,导致呼吸困难,时间一长,就会产生严重的后果。虽然LNG蒸气没有毒,但其中的氧含量低,容易使人窒息。如果吸入纯净LNG蒸气而不迅速脱离,很快就会失去知觉,几分钟后便死亡。当空气中的氧含量逐渐降低,操作人员没有一点感觉,也没有任何警示,等意识到,则为时已晚。

2.窒息应急措施

当操作人员因缺氧失去知觉时,应当立即将其撤离现场,并进行人工呼吸。如果操作人员停止呼吸,应当立即进行人工呼吸并马上送往医院治疗。当环境中氧气浓度<19%时,用

空气吹扫天然气高浓度区域，保持氧气的浓度>19%，但要注意控制天然气的浓度<1%。

警告：当空气中氧气浓度<10%或天然气的浓度>50%时，工作人员不能进入液化天然气区域。

## 五、LNG气罐压力过高

1.LNG气罐加注时压力过高原因

可能的原因有：过量充装、热瓶充装、气罐真空丧失。

2.应急措施

(1)打开降压流程进行降压。

(2)通知加注方可能是加注压力太高，减压至正常压力。

(3)气罐泄放若压力表显示不下降，则可能是压力表已坏。

(4)若压力频繁升高，说明气罐真空丧失，停止使用，返厂修理。

## 六、安全阀起跳

1.安全阀起跳原因

气罐上安全阀跳开，可能是因为加注过快、加注方增压过高或气罐真空丧失，也有可能是安全阀故障。

2.应急措施

(1)立即手动卸放，加速卸压直到正常。

(2)通知加注方减压加注，若还是起跳应停止加注。

(3)若频繁起跳，应打开上、下游阀门，平衡压力。

(4)若是安全阀故障应关闭连通安全阀的阀门后拆检。

## 七、阀门冻住

在加注LNG过程中，由于LNG处于深冷状态，会使空气中的水蒸气冷凝，在管路和阀门表面结冰，此时如果需要开关阀门就比较困难，操作人员切勿强行动作，应使用清洁无油的温水或热氮气解冻后，再进行操作。

# 第七章

# LNG燃料动力船舶的消防

# 第一节　LNG燃料火灾的特点和特殊危害

**要点**

LNG燃料的火灾类型、特点及危害。

**必备知识**

## 一、LNG燃料火灾的特点

天然气是一种易燃易爆气体，和空气混合后，温度只要达到600℃就能燃烧。天然气的浓度达到5%~15%就会有爆炸的可能性。按火灾类型分类，LNG气体着火应属于丙类火（即气体火灾），它的火灾特点有：

1.燃烧速度快，突发性强

LNG气体一旦着火，燃烧速度非常快，着火区域会迅速扩大，瞬间点燃着火区域范围内的一切可燃物、建筑物及其构件设备。

2.爆炸威力大，危害性强

LNG气体极易发生爆炸，产生强烈的冲击波和热辐射，将会对气体爆炸区域和周围一定范围内的建筑物和机械设备造成严重的破坏，同时威胁爆炸区域内船员和其他作业人员的生命。

3.扩散范围大，不易控制

LNG气体密度比空气小，向燃烧区域的上部空间扩散，燃烧区域上部空间的可燃物、设备和人员将会受到火灾的危险。LNG气体可向四周无限扩散，并随风飘动。当船舶正在有风区域航行时，LNG气体会随风向船舶的周围扩散，随风飘散的LNG气体会对附近的船舶、港口设施和人员造成火灾危险。

4.可燃气体高速喷射时，能够产生较高的静电，引起燃烧或爆炸

当LNG气体从管路或气罐泄漏时，LNG液体会瞬间汽化，并以很高的速度喷射出来，高速喷射的LNG气体与管路等摩擦而产生的静电会引燃LNG气体并产生爆炸。

## 二、LNG燃料的火灾类型

1.池火

当LNG从储气罐或管道泄漏时，受外界热源和流淌面积等因素影响可能形成液池。处于液池中的LNG和液池壁面及空气发生热交换，一些LNG蒸发，若遇到合适的点火源着火，火焰将回燃至泄漏点，从而导致池火灾。池火灾燃烧的是从液池挥发出的天然气和空气的混合物。

2.喷射火

从储气罐或管道泄漏的高压天然气和LNG，通过泄漏孔口时可能形成气体喷射物，进而卷吸并与周围空气混合，如果混合气进入燃烧极限内并遇到着火源就会发生喷射火。喷射火是柱状喷射的燃烧火焰，由泄漏的动力主导，产生的热辐射受很多因素的影响，包括失效类型(如泄漏、破裂)、泄漏速率、泄漏方向和风的作用等。

对于低压储存的液相LNG储气罐，喷射火一般不会发生。LNG燃料加注过程中，当使用泵加压时便会发生喷射火。

3.闪火

LNG储气罐系统的设备、管道、阀门等一旦发生LNG泄漏，泄漏点形成的可燃LNG经过一定时间的扩散和与空气的混合，一旦遇到火源极可能发生闪火危害。闪火是可燃气云在不产生严重超压情况下的燃烧。相对而言，闪火仅是一个短期火灾，主要是燃烧已经和空气混合的、达到燃烧极限的气云，其危害主要是由闪火区域内直接燃烧造成的。产生闪火的云团通常是在其边缘处被点燃，若扩散途径上的LNG浓度足够燃烧，火焰阵面将迅速回燃至蒸气云释放点，并有可能在泄漏源处转化为持续的喷火或池火。实际上，非受限空间的LNG空气气云混合物燃烧速率较慢，仅能点燃气云中达到燃烧极限的气云。加速的火焰燃烧速度趋向于发生闪火而不仅仅是自持性燃烧。

## 三、LNG燃料火灾的特殊危害

1.烧(灼)伤和烫伤

由于天然气气体燃烧剧烈，很容易造成受其火灾影响的人员的烧(灼)伤或烫伤，烧(灼)伤和烫伤指由火焰和蒸气等单纯高温所造成的人体局部皮肤组织细胞的损害。从生理角度来看，高温除了对人体造成烧(灼)伤和烫伤外，还会造成人体脱水、全身衰竭以及呼吸道黏膜受伤肿胀等危害，呼吸道黏膜受伤肿胀会阻碍呼吸道的畅通，直至引起受伤人员窒息。

2.化学爆炸

在开放的非局限性空间，分散达到燃烧极限的LNG气云极少发生爆炸效应；而在局限空间或堵塞条件(区域布满了建筑物、设备、容器、管线等)下气云将会产生具有毁坏性质的冲击波等爆炸效应。例如，当爆炸性气云渗透入一个布置着各种容器、结构和管线等的区域时，若遇到点火源则发生爆炸效应，产生冲击波，就会对周围的人员和设施造成一定的损伤或破坏。

# 第二节　控制和扑灭气体火灾的方法

**要点**

气体火灾灭火方法。

**必备知识**

## 一、LNG燃料船舶火灾的灭火方法

灭火方法就是根据燃烧的原理，把燃烧三要素中的一个以上要素消除掉，从而达到灭火的目的。至于采用何种灭火方法，要根据具体情况，决定采用一种或几种灭火方法。

1.隔离法（切断可燃物质的来源）

隔离法的实质在于将可燃物质排除掉，使火焰熄灭。譬如切断可燃液体或气体的来源，撤除火场可燃物质或把燃着的物体仍进水里。

2.窒息法（隔绝空气）

窒息法是使燃烧物与空气（氧）隔离或使空气中氧的含量降低到可燃范围以下，使火焰熄灭。当空气中含氧量低于9%~13%时，大多数物质就无法燃烧。

3.冷却法（冷却燃烧物及其周围环境以消除热源）

冷却法就是冷却燃烧物，使其温度降低，当温度降低到着火点（燃点）以下时，燃烧就会停止，火灾就被扑灭。水就是扑灭固体物质燃烧最有效的冷却剂。

4.抑制法（用化学方法阻止燃烧）

抑制法就是抑制燃烧的化学反应，以达到灭火目的。物质在燃烧中产生活泼的氧、氢等游离基，氧不断和氢起化学反应，使燃烧不断进行，如果加入一种比氧更为活泼的元素，如卤化烃或干粉灭火剂，它们在火焰中能分解出卤族元素的游离基，比氧更为活泼，先于氧、氢起化学反应，从而抑制了燃烧的速度，并使火焰熄灭。

由于气体燃料火灾的特殊性，LNG燃料动力船舶扑灭天然气火灾的主要方法是隔离法和抑制法。

## 二、LNG燃料泄漏发生着火应急措施

1.LNG气体管线、阀门、设备等局部泄漏着火

（1）天然气体着火与其他火警不同，在灭火前必须先切断远处气源，否则火虽然灭了，但

继续泄漏出来的可燃LNG蒸气仍会与空气混合形成爆炸性混合气体，碰到原火灾现场未熄的火星、火源或受热表面，可能会再被点燃或引起灾难性的爆炸。

(2)对阻碍人员靠近阀门关阀的局部火焰，则先用干粉扑灭后再去关阀。对于无法切断气源的液化气火灾，最安全的做法是让它继续燃烧，天然气烧完后，即自动熄灭。这时要用大量冷却水保护周围区域免受热辐射和火焰烧烤的破坏。

(3)对于管路设备等局部泄漏着火，虽然及时停泵和关闭速闭阀，但管路设备内仍可能积存了大量的液相或气相天然气，这时最安全的做法是切断管路设备的两端阀门后，让火自行燃烧直至烧完为止，同时也须用水冷却保护周围区域。

(4)对于管道、阀门和安全阀排气筒及其他设备等泄漏着火，最有效的灭火剂是化学干粉等火焰抑制剂，不能采用泡沫灭火剂灭火。

2.LNG气罐泄漏着火

天然气储气罐失火时一个重要危险是:由于火焰烧烤或强大的热辐射，会使货物容器内压力升高，并使容器外壳强度降低，如不及时冷却泄压，容器有可能突然被撕裂，发生物理性爆炸。受损容器的碎片以巨大能量射向四周，容器内液货(特别是常温压力式液货)急剧蒸发膨胀使燃烧物像升高的火球，继而会发生剧烈的灾难性爆炸，因此，防爆工作是很重要的工作。一边组织消防冷却，一边注意观察储气罐有无爆炸征兆，当发现储气罐抖动，燃烧处发出刺耳的哨声，火焰由红变白，光芒耀眼时，有可能是爆炸前奏，应设法疏散人员到安全地点。LNG气罐泄漏着火具体应急措施如下:

(1)首要工作是冷却，对着火的气罐和其周围相邻的区域用消防喷淋系统进行冷却。冷却工作必须持续进行，控制火势。若无法切断气源，应让其燃烧结束为止。

(2)对气罐进行排空卸压，防止气罐受热发生爆炸。

(3)当出现气罐爆炸前兆时，消防人员应果断撤离现场。

## 三、扑救LNG气体火灾时的注意事项

(1)扑救LNG气体火灾时，消防人员或现场工作人员必须佩戴合适的呼吸器具和防护服，不能使皮肤露漏在外。

(2)扑救气体火灾切忌盲目灭火，即使在扑救周围火势以及冷却过程中不小心把泄漏处的火焰扑灭了，在没有采取堵漏措施的情况下，也必须立即用长点火棒将火点燃，使其恢复稳定燃烧;否则，大量可燃气体泄漏出来与空气混合，遇着火源就会发生爆炸，后果将不堪设想。

(3)为防止气罐爆裂伤人，进行冷却的人员应尽量采用低姿射水或利用现场坚实的掩蔽体防护。对卧式储罐，冷却人员应选择储罐四侧角作为射水阵地。

(4)气罐或管道泄漏关阀无效时，应根据火势大小判断气体压力和泄漏口的大小及其形状，准备好相应的堵漏材料(如软木塞、橡皮塞、气囊塞、粘合剂、弯管工具等)。堵漏工作准备就绪后，即可立即灭火，然后堵漏，同时用雾状水稀释和驱散泄漏出来的气体。

(5)灭火应从气体火灾的上风或侧风方向组织进行。

## 扩展知识

### 火灾的类型

最新标准火灾分为六类:A、B、C、D、E、F。

A类:固体物质火灾。通常具有有机物性质,一般在燃烧时,能产生灼热的余烬,如木材、棉、毛、麻等。

B类:液体及可融化固体火灾。如汽油、原油、沥青、石蜡等。

C类:气体火灾。如煤气,天然气,甲、乙、丙烷,氢气火灾。

D类:金属火灾。如钾、钠、镁、钛、铝等。

E类:带电火灾。物体带电燃烧的火灾。

F类:烹饪器具内的烹饪物火灾。如动植物油脂。

液化气体火灾属于C类火灾,选用干粉或二氧化碳灭火器。当发生液化气体火灾时一般应采取以下基本方法:

(1)首先报警,并应立即扑灭外围被火源引燃的可燃物火势,切断火势蔓延途径,控制燃烧范围,并积极抢救受伤和被困人员。

(2)扑救气体火灾切忌盲目灭火,即使在扑救周围火势以及冷却过程中不小心把泄漏处的火焰扑灭了,在没有采取堵漏措施的情况下,也必须立即用长点火棒将火点燃,使其恢复稳定燃烧;否则,大量可燃气体泄漏出来与空气混合,遇着火源就会发生爆炸,后果将不堪设想。

(3)如果火势中有压力容器或有受到火焰辐射热威胁的压力容器,能疏散的应尽量在水枪的掩护下疏散到安全地带,不能疏散的应部署足够的水枪进行冷却保护。为防止容器爆裂伤人,进行冷却的人员应尽量采用低姿射水或利用现场坚实的掩蔽体防护。对卧式储罐,冷却人员应选择储罐四侧角作为射水阵地。

(4)如果是输气管道泄漏着火,应首先设法找到气源阀门。阀门完好时,只要关闭气体阀门,火势就会自动熄灭。

(5)储罐或管道泄漏关阀无效时,应根据火势大小判断气体压力和泄漏口的大小及其形状,准备好相应的堵漏材料(如软木塞、橡皮塞、气囊塞、粘合剂、弯管工具等)。

(6)堵漏工作准备就绪后,即可用水扑救火势,也可用干粉、二氧化碳灭火,但仍需用水冷却烧烫的罐或管壁。火扑灭后,应立即用堵漏材料堵漏,同时用雾状水稀释和驱散泄漏出来的气体。

(7)一般情况下完成了堵漏也就完成了灭火工作,但有时一次堵漏不一定能成功,如果一次堵漏失败,再次堵漏需一定时间,应立即用长点火棒将泄漏处点燃,使其恢复稳定燃烧,

以防止较长时间泄漏出来的大量可燃气体与空气混合后形成爆炸性混合物,从而潜伏发生爆炸的危险,并准备再次灭火堵漏。

(8)如果确认泄漏口很大,根本无法堵漏,只需冷却着火容器及其周围容器和可燃物品,控制着火范围,直到燃气燃尽,火势自动熄灭。

(9)现场指挥应密切注意各种危险征兆,遇有火势熄灭后较长时间未能恢复稳定燃烧或受热辐射的容器安全阀火焰变亮耀眼、发出刺耳声响、晃动等爆裂征兆时,指挥员必须适时作出准确判断,及时下达撤退命令。现场人员看到或听到事先规定的撤退信号后,应迅速撤退至安全地带。

(10)气体储罐或管道阀门处泄漏着火时,在特殊情况下,只要判断阀门还有效,也可违反常规,先扑灭火势,再关闭阀门。一旦发现关闭已无效,一时又无法堵漏时,应迅即点燃,恢复稳定燃烧。

# 第三节　消防设备知识与操作

**要点**

LNG燃料动力船舶消防设备的操作。

## 必备知识

扑灭LNG气体火灾主要使用干粉灭火器。在LNG燃料动力船上主要配备有手提式干粉灭火器、推车式干粉灭火器、干粉灭火系统以及水雾灭火系统。

### 一、手提式干粉灭火器

1.结构

手提式干粉灭火器筒体采用优质碳素钢经特殊工艺加工而成。手提式干粉灭火器具有结构简单、操作灵活 、应用广泛、使用方便、价格低廉等优点。灭火器主要由筒体、瓶头阀、喷射软管(喷嘴)等组成,灭火剂为碳酸氢钠(ABC型为磷酸铵盐)灭火剂,驱动气体为氮气,常温下其工作压力为1.5 MPa,如图7-1所示。

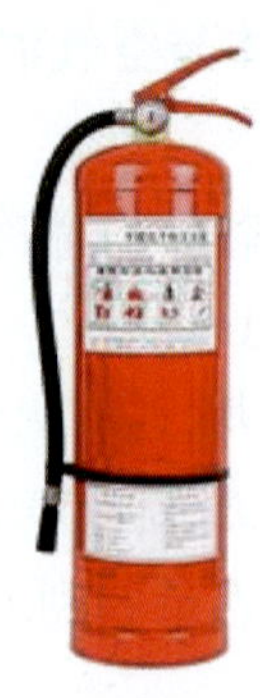

图7-1　手提式干粉灭火器

2.主要技术性能

船用手提式干粉灭火器采用MF型手提式。MF型手提式干粉灭火器的装粉量为2～8 kg，喷射距离为3~5 m，喷射时长为11～20 s。

3.使用方法

(1)将灭火器带到现场，如图7-2所示，手提灭火器快速奔赴起火地点，在距火源5 m左右位置，放下灭火器。使用灭火器前上下翻转几次，防止干粉结块。

图7-2　将灭火器带到现场

(2)尽可能站在上风处，如图7-3所示，然后打开铅封，拔出保险销。

图7-3　打开铅封，拔出保险销

(3)如图7-4所示,左手拿住灭火器喷管,右手提压把手,保证灭火器竖直,对准火源底部在上风口处灭火。

图7-4　左手拿灭火器喷管

(4)灭火过程中由近及远,逐步控制住火势,如图7-5所示,右手注意持续按压保证干粉正常喷射。

图7-5　右手持续按压

(5)干粉灭火器灭火后注意火源复燃,做到彻底灭火,如图7-6所示,需要配合水灭火等方式,并注意安全,不可因灭火而导致其他伤害。

图7-6　水灭火方式

4.使用手提式干粉灭火器注意事项

(1)扑救LNG可燃气体火灾时,人站在火场的上风方向,将干粉对准火焰燃烧区域喷射,水平左右扫射,由近而远快速向前推进,直至把火焰全部扑灭为止。

(2)对零星小火采取点喷射的方式灭火。

(3)要定期检查压力表,压力表的指针指示绿色区域,说明压力正常,内部驱动气体充足。指针指示红色区域,则说明压力过低,内部驱动压力已泄漏,无法使用,应尽快送维修部门检修。指针指示黄色区域,则说明压力过高,应送岸检查。

5.维护保养

(1)干粉灭火器应放置于便于取用和通风、阴凉、干燥的地方,以防筒体受潮腐蚀。

(2)避免曝晒和强辐射热,以防驱动气体气瓶由于气体受热膨胀、压力升高而发生漏气。环境温度在-5 ~ +45 ℃为好。

(3)各连接件要拧紧,不得松动,喷嘴胶塞要堵好,不得脱落,以保证密封良好。

(4)每年抽查干粉一次,防止干粉受潮结块,并将二氧化碳钢瓶称重一次,检查其漏损率。如发现干粉结块或气瓶内气量不足,应重新更换干粉灭火剂或充气,以防急需使用时失效。

(5)干粉灭火器在保管、运输和使用过程中,严禁撞击和剧烈振动。

(6)干粉灭火器一经开启必须再充装,在再充装时,绝对不能变换干粉灭火剂的种类,即碳酸氢钾干粉灭火剂不能换装磷酸铵盐干粉灭火剂。

(7)每次再充装前或灭火器出厂三年后,应进行水压试验,水压试验时对灭火器筒体和储气瓶应分别进行。其水压试验压力应与该灭火器上铭牌或钢印指示的压力相同。水压试验合格后才能再次充装使用。

## 二、推车式干粉灭火器

1.结构

推车式干粉灭火器是由筒体、筒盖、驱动气瓶、转移系统、喷射系统和开启机构等组成。驱动气瓶有两种设置形式,即内装式和外置式。内装式的结构紧凑,美观大方。外置式的检查、修理和维护方便,如图7-7所示。

图7-7 推车式干粉灭火器

2.主要技术性能

船用MFT型推车式干粉灭火器装粉量为35 ~ 70 kg,喷射距离为10 ~ 13 m,喷射时长为20 ~ 50 s。

3.使用方法

(1)把干粉车拉或推到现场,在距离起火点大约10 m处停下。

(2)将灭火器放稳后,右手抓着喷粉枪,左手顺势展开喷粉胶管,直至平直,不能弯折或打卷。

(3)除掉铅封,拔出保险销。

(4)用手掌使劲按下供气阀门。

(5)左手持喷粉枪管托,右手把持枪把,用手指扣动喷粉开关,对准火焰喷射。不断靠前左右摆动喷粉枪,用干粉笼罩住燃烧区,直至把火扑灭为止。

推车式干粉灭火器操作使用流程如图7-8所示。

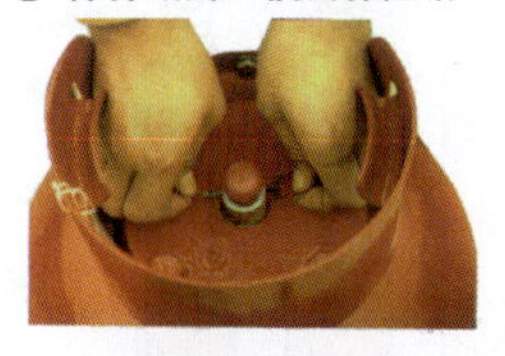

图7-8 推车式干粉灭火器使用流程

## 三、固定消防系统

包括消防水系统、水雾系统、二氧化碳灭火系统、干粉灭火系统和泡沫灭火系统等。对于LNG燃料动力船舶的气体火灾,主要是干粉灭火系统、水雾灭火系统。下面对此分别予以介绍。

1.干粉灭火系统

(1)干粉灭火系统的特点

干粉灭火系统是一种不需要水泵、内燃机等动力源,而借助于惰性气体压力的驱动,并由这些惰性气体(如氮气、二氧化碳等)携带干粉灭火剂形成气粉两相混合流,通过管道输送经喷嘴喷出实施灭火的固定式或半固定式灭火系统。

干粉灭火系统具有灭火速度快、效率高、不导电、对被保护对象不会造成二次污染、适用范围广的特点,尤其对石油及石油产品的灭火效果尤为显著,适合于LNG气体火灾。

(2)干粉灭火剂的组成

干粉灭火系统由灭火剂储存装置、输送灭火剂管网、干粉喷射装置、火灾探测监控装置与启动分配装置等组成,如图7-9所示。

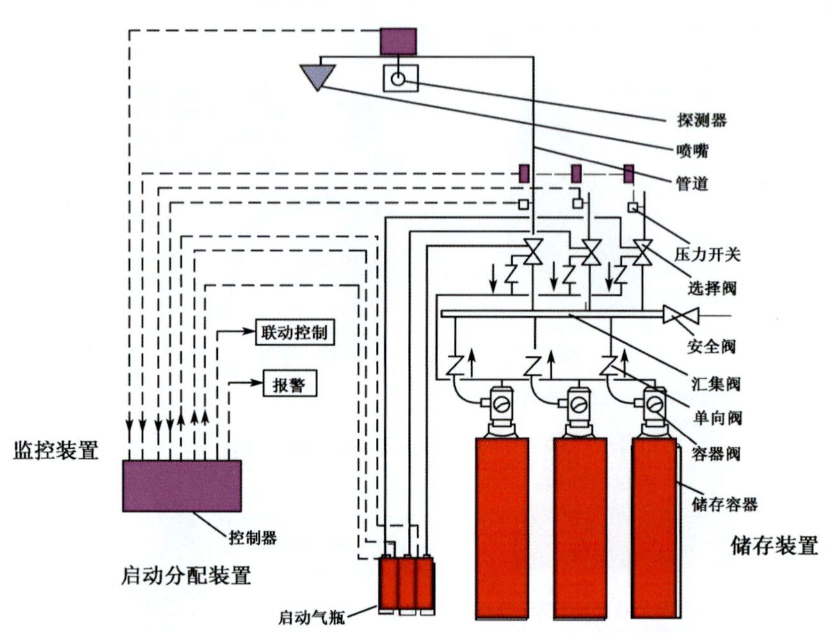


图7-9　干粉灭火系统组成部分示意图

①干粉储存钢瓶

用于盛放干粉灭火剂和压力氮气。由罐体、装粉口、出粉管、进气口等构成,工作压力一般为1.5~2 MPa,储存的干粉可达1500 kg。

②启动气瓶

有多功能电控头,可通过电、气、手动等多种功能打开,并通过管路与选择阀及容器阀相连,提供启动气源,对防护区进行灭火控制。

③单向阀

安装于软管和集流管之间,其用途是在多个钢瓶集中安放时,可以防止某个钢瓶拿掉或者喷放完后,在其他钢瓶喷放时不会倒流至空瓶中。

④安全阀

安装在集流管的一端,起安全泄压的作用。

⑤减压阀

减压阀的作用是将动力气瓶内的13~15 MPa高压气体减压到1.2~2.0 MPa,以供给干粉罐作为动力。当干粉罐的压力下降时,主阀门又自动开启减压阀恢复对干粉罐的供气。

⑥集流管

安装在瓶组架上，各瓶的灭火剂汇集到集流管后，在通过各对应区域的选择阀和分支管网输送到防护区。

⑦容器阀

安装在灭火剂瓶上，可通过容器阀向瓶内充装灭火剂，并封存不泄漏。当需要灭火时，开启容器阀施放灭火剂灭火。

⑧喷粉枪和手持喷粉软管

喷粉枪是一上下可以调节俯仰角度、左右可以回转的固定式喷粉管。手持喷粉软管由软管和一个能够开关的手持喷嘴组成，平时盘卷放在软管箱内。手持喷粉软管的长度一般不超过33 m。

⑨喷嘴

目前使用的干粉喷嘴主要有三种形式：直流喷嘴、扇形喷嘴和扩散式喷嘴。直流喷嘴的出口粉气流呈柱形，随着喷射距离的增加逐渐分散开来，射程比较远。扇形喷嘴的出口粉气流呈扇形，覆盖面大，射程较前者为短。扩散型喷嘴射出的粉气似伞状，有效射程最短。

(3)工作原理

当起动机构接收到控制箱的启动信号后开启驱动气体储瓶的瓶头阀，高压氮气经减压阀减压后，使氮气进入干粉罐，其中一部分被送到罐的底部，起到松散干粉灭火剂的作用。随着罐内压力的升高，使部分干粉灭火剂随氮气进入出粉管被送到干粉炮、干粉枪或干粉固定喷嘴的出口阀门处。当干粉炮、干粉枪或干粉固定喷嘴的出口阀门处的压力到达一定值后（干粉罐上的压力表值达1.5~1.6 MPa时），打开阀门（或者定压爆破膜片自动爆破），将压力能迅速转化为速度能，这样高速的气粉流便从干粉炮（或干粉枪、固定喷嘴）的喷嘴中喷出，射向火源，切割火焰，破坏燃烧链，起到迅速扑灭或抑制火灾的作用。

(4)干粉灭火系统维护要点

①要经常检查干粉管路、气体管路是否发生损坏、腐蚀等现象，以免出现漏气，影响系统的喷射。

②要经常检查干粉喷嘴是否安装正确，喷嘴上是否有污物聚集，并及时清理。

③检查动力气瓶组的压力数值是否在规定数值范围内，检查气瓶阀是否动作灵活。

④动力气瓶组一般2～3年要拆下来称重，检查是否漏气。

⑤一般2~3年打开干粉罐的装粉盖，检查干粉灭火剂是否结块。如果结块，应立即更换。

2.水雾系统

LNG燃料动力船的水雾灭火系统一般安装在LNG气罐正上方，用于冷却、防火以及船员防护。水雾系统除应覆盖位于甲板上方气罐的暴露部分外，还应覆盖面向该气罐的上层建筑和其他甲板室的限界面，但当这些限界面与气罐的距离大于或等于5 m时，可不必覆盖。对水雾灭火系统的要求如下：

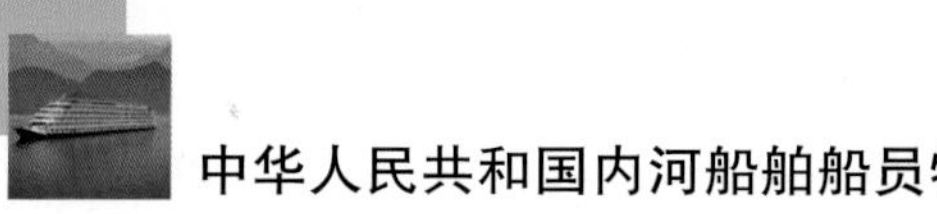



①水雾系统应设计成可覆盖上述所有区域，其喷水率对水平防护表面为10 L/min·m²，对垂直防护表面为4 L/min·m²。

②为了隔离破损区域，水雾总管上应每隔一段合适的距离安装一个截止阀，或者将该系统分为两个或多个区域，并将控制阀设在安全且易到达的位置，该位置不会因火灾而切断。

③水雾系统供给泵的排量应足以能将所要求的水量输送到所有被保护的区域。

④管路连接到船舶消防总管前应设置截止阀。

⑤水雾系统供给泵的起动和水雾系统主要控制阀的操作位置，应位于易到达之处，该位置不会因被保护区域内发生火灾而被阻断。

⑥应配备认可型的水雾喷嘴，其布置应保证其所喷射的水在被保护区域内均匀有效分布。

# 第四节　发生火灾时的应急程序

当LNG燃料动力船舶发生火灾时，可按以下应急程序操作：

(1)船员发现火灾应立即发出消防警报，同时报告驾驶台，就近使用适宜的灭火器材进行灭火。

(2)全体船员听到警报后，应立即到达指定集合地点，并按船舶应变部署表的分工进行灭火。

(3)探火人员应在大副或轮机长的指挥下，迅速探明火源，掌握燃烧物名称、特性、火烧面积、火势蔓延方向等，并迅速报告船长。

(4)如有人在火场受威胁，应立即采取抢救措施。如确定火场无人应关闭通风口和其他开口，停止通风并切断电源，然后控制火势。

(5)在港外或航行时，应注意减速操纵船舶并使火区处于下风方向，并按相关国际信号规则和国际避碰规则的要求显示号灯、号型，在港内发生火灾，要立即向公司生产经营部和就近海事部门报告。

(6)船长应根据具体情况确定灭火方案，并对是否可能引起爆炸做出判断；消防人员应根据船舶应变部署表的分工和船长的指示全力扑救。

(7)如火势严重，当外援帮助救火时，船长应详细介绍火场情况，并予以配合。

(8)如采用封闭窒息方法灭火后，必须经过相当长时间，并组织足够的消防力量做好各种扑灭再燃的准备，才能逐步打开封闭设施，再根据情况予以通风。

(9)如火灾可能引起爆炸，经抢救确认后，可宣布弃船。

# 第八章

## 安全值班和应急操作

# 第一节　安全值班

**要点**

甲板部、轮机部安全值班注意事项；驾驶、轮机联系制度；LNG泄漏时的应急操作、人员冻伤的应急处理。

内河LNG燃料动力船舶的安全值班制度因航运公司、船舶种类不同而有所差异，但为确保人员、设备和船舶的安全，避免造成环境污染的宗旨是一致的。LNG燃料具有易燃易爆、低温等特殊风险；LNG燃料动力船舶与普通船舶相比增加了LNG燃料气罐、气体燃料供应系统、强制通风机等特殊设备，与气体燃料相关的设备和系统的操作和管理程序与普通的设备和系统也有所区别；LNG燃料的使用使船舶的操纵性发生了变化。为保证船舶和人员的安全以及避免造成环境污染，甲板部和轮机部值班人员应遵守以下安全值班注意事项以及驾驶、轮机联系制度。

## 一、甲板部安全值班注意事项

（1）船舶航行时驾驶台有足够的值班人员，值班人员因事要短时间离开时必须保证驾驶台的瞭望和操纵不受影响。

（2）值班人员着装整齐，集中精力，谨慎操作，禁止闲谈和打闹，严禁酒后操作，不准做与航行无关的事。

（3）航行操作时的一切口令和手势，必须响亮、清楚、及时、明确、肯定，执行人应复述口令，如对口令不明应及时问明后操作，以防误操作。

（4）严格执行相关的操作规程和规章制度，不准抢航，不准强行追越和横越。按照《中华人民共和国内河避碰规则》进行船舶会让，明确避让关系，除用高频电话联系外，还应按章鸣放相应的会船声号。

（5）保持正规有效的瞭望和联系，保证安全航速，在不准对会、追越的航段，通视距离不足2 km的背弯航道，应及早电话联系，以了解有无来船及他船船位，并告之本船船位，以便及时、有效地采取避让措施。如发现航标异常、他船动态不明等情况，应立即减速，必要时停车稳船，待弄清情况后再继续行驶。

（6）应按要求和规定正确使用驾驶台各种航行仪器、各种开关、控制器、通信设备等，夜

航时,应经常检查航行号灯是否正常,如有异状及时通知有关人员修复。

(7)除按《中华人民共和国内河避碰规则》规定显示一般船舶规定的信号外,LNG燃料动力船舶夜间还应在桅杆横桁上显示红色环照灯一盏。

(8)航经VTS监管水域时,应按VTS中心报告的要求进行报告。

(9)在通过大桥、船闸和船长应监班的航段,船长应亲自引航或监航。

(10)主机在使用双燃料时,不要急加油门,以保证发动机正常运行。在通过大桥、船闸重要滑口、急流航段、特殊航道时,应将发动机切换到"纯柴油"模式。

(11)如航行中发现异常,需要应急应变时,值班人员应立即报告船长并按照应急部署表采取有效措施。

(12)值班人员应按规定记载航行日志和其他记录。

## 二、轮机部安全值班注意事项

(1)值班人员应按规定准时上岗,接班前认真检查机舱各设备的运行情况,使用便携式燃气检测仪检测燃气管路接头、仪表、阀门、设备的漏泄情况,值班时坚守岗位、集中精力、认真操作,不做与值班无关的事,未经准许不得擅离岗位。

(2)值班人员应严格执行各种设备的操作规程,并定时对LNG气罐、气体燃料系统和各运行设备进行巡回检查,做到勤听、勤看、勤摸、勤嗅,注意检查压力及温度的变化,如压力上升过快或上升出现异常,应手动打开排空阀及时给罐体降压。

(3)机舱值班人员应随时注意车钟信号,正确而迅速地执行驾驶台命令,认真记录轮机日志和车钟记录簿,并做好舵机检查记录。对有主机遥控装置的船舶,必须注意警报信号。

(4)注意机舱的警报系统,出现警报时应及时处理。如果出现燃气泄漏警报,应立即关闭LNG气罐的出液阀,检查燃气管系的泄漏情况,恢复正常后才可继续使用。

(5)船舶通过大桥、船闸、重要滑口、急流航段、特殊航道,轮机长应下机舱指挥操作,双燃料发动机应切换到"纯柴油"模式。

(6)当机舱主要设备出现问题,必须减速或停车时,应立即通知驾驶台,经同意后,方可减速或停车,但若危及人身和主机安全时,可先停车,但必须以最快的方式,及时通知驾驶台。

(7)双燃料发动机在工作时忽然出现动力明显下降、发动机工作不平稳、发动机异响等不正常情况时,应立即将双燃料发动机切换到"纯柴油"模式。如果故障依旧,还应将船舶就近停靠或抛锚,停止发动机的运行,安排人员对发动机进行检查和修理。如果发现船员无法妥善处理相关故障,应及时联系相关维修人员。

(8)运行中的机电设备每2小时检查一次;中间轴、艉轴、舵机、空调装置、锅炉系统每小时检查一次,并在轮机日志上做好检查记录;各主要阀门、应急设备应每航行班检查一次,使之保持良好的备用状态。

(9)值班人员应密切注意舱室、舱底积水,及时处理过多的积水。

(10)要严格遵守相关的内河环境保护法及主管机关的相关规定,认真做好油类及污水处理工作,防止水域污染,并按规定填写油类记录簿。

(11)值班人员应按规定穿着工作服、工作鞋进入机舱值班,不得打赤膊、穿背心、穿拖鞋等进入机舱,不得做与值班无关的事,不得看书报、谈笑打闹等。

(12)应按内河轮机日志记载的相关要求记载轮机日志。

## 三、驾驶、轮机联系制度

1.开航前

(1)船长应在24小时前将预计开航时间通知轮机长。如停泊不足24小时,应在抵港后即通知预计开航时间。开航时间如有变化,应及时更正。

(2)开航前1小时,驾驶台值班人员应了解航道、水文、气象等情况,通知轮机部人员备车。

(3)驾驶台值班人员应与轮机部值班人员核对时钟、车钟和舵,并对汽笛进行鸣放试验。如发现异常情况,应及时排除故障,并将情况分别记入航行日志和轮机日志。

(4)驾驶台值班人员应开启助航仪器,开启或显示所需的号灯、号型。

(5)轮机部值班人员应征得驾驶台值班人员同意后方可试车。驾驶台值班人员应根据水域及系泊情况通知机舱试车的倒顺方式及车速大小。试车程序:驾驶台同意动车后即将车钟指令“备车”,机舱回“备车”,机舱准备(转车、冲车)就绪后,根据主机试车要求,将车钟放在“前进一”“后退一”等处,进行起动、换向、操纵,待动作正确无误后,才将车钟放在“停车”位置,表示驾驶台可随时用车。

(6)无人机舱船舶或驾驶台可以遥控主机的船舶,在上述程序完成后,可将主机的控制方式转为驾驶台遥控。

2.航行中

(1)每班下班前,轮机部值班人员向驾驶台值班人员告知主机平均转速、河水(江水)温度,驾驶台值班人员向轮机部值班人员报告本班平均航速、风向、风力,并分别记入轮机日志和航行日志。

(2)每日正午驾驶台和机舱核对时钟,并交换正午报告。

(3)机动航行时,如通过狭窄水道、浅滩、危险水域,抛锚、进港,驾驶台应提前通知机舱将“柴油—LNG”双燃料模式转换为“纯柴油”模式。如果情况突然,则应尽快通知机舱。船舶在备车航行时,主机按港内车速,如因紧急情况需要加速,可将车钟重复一次,轮机部值班人员应尽快开足车速。

(4)机舱如发生故障妨碍正常航行时,须立即报告驾驶台,取得同意后,方可减速或停车;但发生紧急毁灭性危险或人身安全时,可在采取措施的同时通知驾驶台。

(5)如遇救船、避风等紧急情况,船长要求超航速航行时,轮机长如认为可能会导致机损,应将后果告知船长,但仍需按船长慎重考虑后的指示执行并将情况分别记入航行日志和轮机日志。

(6)在航行中如遇到有风暴来临,驾驶台值班人员应立即通知轮机部值班人员,还应将主机“柴油—LNG”双燃料模式转换为“纯柴油”模式。大风浪中航行主机如需减速时,轮机部值班人员应通知驾驶台和轮机长。

3.停泊中

(1)到港后,船长或驾驶台值班人员应将预计在港停泊时间通知轮机长,以便机舱安排检修工作和申领燃料、润滑油等物料。

(2)停泊中如需主机吊缸或对舵机进行修理,轮机长应在修理前将所需的时间报告船长,征得船长同意后方可进行。如需转车,应事先通知驾驶台值班人员。

(3)在港内装卸作业时,驾驶台值班人员有责任保持船身倾斜不超过允许限度,以免影响副机滑油压力和锅炉水位。如果船身倾斜危及机器设备的安全运转,轮机部值班人员应通知驾驶台值班人员及时纠正,必要时应采取安全措施,直到恢复正常为止。

(4)甲板电动或液压机械需用电时,应用通知单与机舱联系。

(5)装卸特种危险品或使用船吊时,驾驶台值班人员应通知轮机部值班人员事先检查起货机,必要时派人值班保证安全。

(6)添加LNG燃料前,轮机长应提前向船长提出申请添加的数量。船长应及时与公司进行联系,并将加注LNG燃料的地点、加注方式和加注数量及时通知轮机长,便于轮机部人员根据LNG燃料加注的相关要求做好相应的准备工作。

# 第二节　应急操作

## 一、LNG泄漏时的应急操作

基本处置措施:切断LNG泄漏部位的上下游阀门,停止现场作业;用防爆器具、木楔、夹具等抢险卡具进行堵漏作业,准备好灭火器及其他灭火器材,抢险人员要穿戴抢险(注明:防冻、防静电、氧气呼吸器)防护服。

1.航行时船舶发生LNG泄漏的应急程序

(1)航行中发生LNG泄漏事故,值班人员应立即通知驾驶台和轮机长,并立即关闭气罐出液阀,紧急停用双燃料系统,发动机转为纯柴油模式运行维持航行。

(2)发生LNG泄漏的船舶应确保远离桥区、港区和通航密集区等敏感区域。

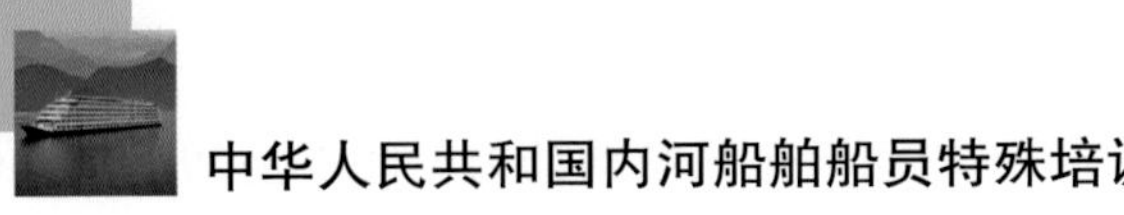


(3)若是LNG气罐发生泄漏时,罐区上部本身有水喷淋系统,需派专人值守并开启消防水泵加大水喷淋,直到LNG燃料自动卸放完毕。

(4)全船严禁烟火和明火作业,严禁使用非防爆式电气设备。

(5)加强船舶卧室通风,防止人员窒息。

(6)轮机人员迅速查明泄漏点并有效封堵。

(7)全体船员不得靠近泄漏喷淋区域,防止人员冻伤。

2.LNG气罐泄漏应急措施

(1)一般泄漏:关闭气罐所有进出口阀,打开压力释放阀,降低气罐内压力,通过缓慢释放等方式排空罐内LNG,然后惰化气罐,检测罐内及周围环境无LNG气体后才可维修。

(2)严重泄漏:立即关闭气罐所有进出口阀,启动消防泡沫对破损气罐喷淋,控制人员进出,同时向过往船舶发出报警信号,要求避让。泄漏完毕对气罐惰化处理并检测罐内和周围环境无LNG挥发气体后才可维修处理。

3.管道、阀门、法兰等处LNG泄漏时的应急措施

(1)立即关闭泄漏部位上下阀门,可靠切断泄漏部位,与整个系统隔开。

(2)打开泄漏部位放残阀,放空其内LNG燃料。

(3)若泄漏程度较高应同时启动消防泡沫装置或灭火器等相关消防设施,喷射泄漏处,以加速LNG的挥发。

(4)若大量泄漏,除了喷射泄漏处外还应喷射甲板积聚的LNG,对产生的LNG蒸气云可开启消防水枪喷射驱散,同时向水面过往船只发出报警信号,要求避让。

4.应急处理泄漏事故时的注意事项

(1)出现LNG泄漏后应报告当地海事局,划定安全警戒区。

(2)申请当地消防支援。

(3)出现大量泄漏时,除了现场处置人员外,其余无关人员应紧急撤离现场。

(4)出现大量泄漏使得消防设备无法使用时应撤离全体人员,同时疏散安全距离内的人员和船只,必要时申请禁航。

(5)现场处置人员做好安全自身防护才可进入现场。

(6)用水冲击泄漏处,防止LNG流向下水道、通风系统和密闭空间而扩散。

(7)启用水雾消防系统,尽可能控制LNG蒸气云,使其在安全区域扩散。

(8)进入危险区域前应用水枪冲湿甲板面,以防止摩擦、撞击产生火花。

5.发生泄漏时的自我保护常识

(1)LNG较空气轻,泄漏引发火灾,首先判断风向,立即用衣服包住头部,卧地滚出火场。

(2)LNG遇常温会迅速气化,必须判断风向,使自身处于上风位,防止浓度过高,引起窒息、中毒。

(3)LNG泄漏时,往往会发生喷溅,必须保护头部特别是眼睛不被液体喷溅到。

(4)LNG泄漏时,如遇到阴霾天气,LNG迅速气化后,会结合水汽形成气云,加大防火隔离范围,切断泄漏部位上下游阀门,人员迅速撤离。

## 二、人员冻伤时的应急处理

LNG造成的低温能对身体暴露的部分产生各种影响,如果对处于低温环境的人体未能适当地加以保护,则其反应和能力将受到不利的影响。LNG接触到皮肤时,可造成与烧伤类似的起疱灼伤。从LNG罐中漏出的气体也非常冷,并且能致灼伤。如暴露于这种寒冷气体中,即使时间很短,虽不足以影响面部和手部的皮肤,但是,像眼睛一类脆弱的组织仍会受到伤害。人体未受保护的部分不允许接触装有LNG而未经隔离的管道和容器,这种极冷的金属会粘住皮肉而且拉开时会将其撕裂。

严重或长时间地暴露在寒冷的蒸气和气体中能引起冻伤。局部疼痛经常给出冻伤的警示,但有时会感觉不到疼痛。较长时间在极冷的环境中呼吸能损伤肺部。短时间暴露可引起呼吸不适。10℃以下的低温都可以导致体温过低的伤害。对于明显地受到体温过低影响的人,应迅速地从寒冷地带移开并用热水洗浴使体温恢复,水温应在40℃至42℃之间。不应该用干热的方法提升体温。

LNG燃料动力船舶的低温对人员的冻伤根据伤害程度可以分为局部冻伤和全身性冻伤。

1.局部冻伤

局部冻伤多在0℃以下缺乏防寒措施的情况下,耳部、鼻部、面部或肢体受到冷冻作用发生的损伤。一般分为四度:

一度冻伤:表现为局部皮肤从苍白转为斑块状的蓝紫色,以后红肿、发痒、刺痛和感觉异常。

二度冻伤:表现为局部皮肤红肿、发痒、灼痛。早期有水疱出现。

三度冻伤:表现为皮肤由白色逐渐变为蓝色,再变为黑色出现感觉消失现象。冻伤周围的组织可出现水肿和水疱,并有较剧烈的疼痛。

四度冻伤:伤部的感觉和运动功能完全消失,呈暗灰色。由于冻伤组织与健康组织交界处的冻伤程度相对较轻,交界处可出现水肿和水疱。

2.冻僵

冻僵又称为全身性冻伤,是指人体遭受严寒侵袭,全身降温所造成的损伤。伤员表现为全身僵硬,感觉迟钝,四肢乏力,头晕,甚至神志不清,知觉丧失,最后因呼吸循环衰竭而死亡。

3.人员冻伤的急救措施

(1)尽快将冻伤者转入温暖的室内,迅速脱去寒冷潮湿的衣服、鞋袜。如果衣服、鞋袜冻

结不易解脱时，不应勉强解脱，以免造成皮肤撕脱，可待解冻后再进行解脱。

(2)迅速恢复伤员的体温，这是急救的关键，方法是采用40~42 ℃恒温热水浸泡。冻僵者可进行全身浸泡，要求在短时间内(即20~30 min)使其体温迅速提高至接近正常温度，不宜浸泡过久。对伤员的受伤部位禁止用火烤、雪擦、冷水浸泡等方法处理；对手部的冻伤，可在与体温(37 ℃)差不多的温水中反复浸泡，每次浸泡45 s后取出，直到冻伤部位恢复正常体温为止，一时无法获得温水可局部用手揉搓或置于救护者怀中、腋下慢慢复温为宜。

(3)浸泡时如伤者疼痛可给予止痛剂，伤员清醒后应予各种热饮料或姜汤。

(4)注意对伤员进行保温，不使其再受凉。

(5)用肥皂水轻洗患部，再用温盐水冲洗。

(6)特别注意不可摩擦或按揉患处，有水疱者一般不应破坏水疱的完整性，对于大水疱妨碍治疗时可用消毒注射器抽干或于基底部剪破引流。

(7)在冻伤部位外涂呋喃坦啶霜或冻疮膏，涂药厚度不少于1 mm，每日1~2次，有感染时也可涂用，然后用无菌纱布轻裹患处。

(8)必要时可以让伤员服用维生素C、维生素E等药物。

(9)如果伤员在船上不能得到及时救治，应该立即将其送至附近医院。

## 三、紧急情况下的应急操作

1.船舶发生碰撞、搁浅、触礁的应急操作

在船舶发生碰撞、搁浅、触礁等事故时，船舶应尽快将碰撞有关情况报告海事主管部门。包括发生碰撞、搁浅、触礁的时间、地点、部位，船舶受损情况，采取的措施，自救的能力等，以便得到相关部门的外力支援，并保持内外通信畅通，以便及时报告事故情况。具体步骤如下：

(1)船舶发生碰撞、搁浅、触礁时，船长应立即赶赴驾驶台，判明情况。当事故危及本船或他船安全时，船舶立即发出警报。船长应及时将事故情况向海事管理部门、公司报告，寻求支援。

(2)船舶在气罐区域发生碰撞致使LNG气罐发生炸裂，人员应远离LNG气罐燃气喷泄区域，开启消防水泵进行大量水喷淋，直到LNG燃料自行泄放完毕。

发生碰撞未使气罐及管路受损时，在不至于船舶失控的情况下，首先向海事部门报告，将发动机的燃料选择模式从双燃料模式切换至纯柴油模式，关闭气罐主出液阀，将船舶转移至安全区域，等待海事部门处理。

轻微碰撞致使供气管路破裂变形时，在不至于船舶失控的情况下，将发动机的燃料选择模式从双燃料模式切换至纯柴油模式，关闭气罐主出液阀，将船开至安全区域等待海事部门处理。损坏的管路由专业人员检修后，经专门的检漏处理后，保证不泄漏的情况下方可恢复双燃料运行模式。

发生较严重碰撞致使气罐罐体破裂时，切换燃料模式至纯柴油模式，保持船舶动力，向全船发出警报，禁止靠近气罐区域，船舶在航道下风向安全区域靠泊或锚泊，并向附近水域船只发出预警。较严重碰撞致使气罐落水时，立即向海事部门报告，并向附近水域船只发出预警。

（3）当船舶的非危险部位碰撞发生时，也应及时关闭气源，使主机处于纯柴油状态下运行。船长立即组织船员堵漏施救。

（4）当船舶发生碰撞并嵌入对方船体内，对方船舶失去动力或操纵能力时，应当适当开车，将对方船舶顶往浅区施救或搁浅，如对方船舶开始下沉，若本船不立即分开也会有沉没危险时，应立即倒车分开并采取其他安全措施。在试图分开前，须得到双方船长认可。

（5）船舶发生搁浅事故后应首先尝试利用船舶动力自行脱浅，如果不能自行脱浅，应联系船公司申请其他救援力量的救助。脱浅后应选择就近安全水域抛锚或靠泊，对船舶可能受影响的部位进行检查。

（6）如果发生触礁事故，则不能盲目动车、用舵，以防扩大损失。应设法固定船位，防止风流压力使船体活动移位。驾驶台值班人员应按《中华人民共和国内河避碰规则》显示号灯或号型，如碍航还应立即通报周围船舶及当地海事及航道部门。

（7）当船舶由于以上事故导致进水即将发生沉船事故时，应关闭电路、油路、油舱进出口阀门、LNG气罐主出液阀等，按弃船有关规定组织在船人员弃船。

2.主机、舵机失灵时应急操作

在船舶发生主机、舵机失灵等事故时，驾驶台值班人员应向全船发出相应警报，船长应立即进驾驶台指挥，具体步骤如下：

（1）向附近船舶发出警告和按规定显示信号。

（2）通知相关人员立即备锚，视航道、气象情况，充分利用船舶余速或可能的舵效控制航向，采取正确的操作措施，准备抛锚，以避免发生更大的险情。

（3）当双主机或多主机船舶的一台主机失灵后，应适当降低其他运行主机的负荷，确保其安全运行。

（4）在舵机失灵时应立即起动应急舵控制船舶的航向，如果应急舵也失灵，船长要利用双车操作船舶并立即采取抛锚稳船、抵岸等应急措施。

（5）如果船舶正处在大桥水域或浅险、狭窄航道有碰撞、触礁、搁浅等危险时，应立即抛锚，同时向当地海事主管部门和公司应急指挥中心报告。

（6）轮机部应立即组织人员分析原因，查找故障，突击抢修，尽快恢复主机或舵机的运行。如果船舶人员无法解决故障应联系公司申请岸基力量的支援。

3.弃船时的应急操作

（1）船舶可做出弃船决定的情形

①船舶遇到严重的突发紧急事件，构成重大危险。

②船舶工作人员及其他救助力量，已开展尽可能的应急救助。

③救助不能阻止船舶沉没或毁灭，人命安全已得不到保障。

船长应充分估计和判断事故的发展趋势，以及本船自救能力和人身安全受到威胁程度。只有当竭尽全力施救无效，事态已直接威胁人身安全时才可做出弃船决定。船长在作弃船决定前应报告公司，并报告当地海事主管机关。

（2）弃船的应急行动程序

①船长发布弃船命令和信号，弃船行动应接受公司和海事主管机关的指导。

②全体船员接到弃船命令后执行应变部署规定，并立即前往指定地点，听从指挥。

③用船上可采用的各种手段，发出事故信号，通告附近船舶远离。

④关闭水密门窗、舱口、甲板开口，关闭有关机器。

⑤应尽可能关闭所有LNG气罐、油舱（柜）、管系的阀件和闸门，堵塞油舱柜的通气孔，防止溢油。

⑥船长应清点人数，防止遗漏。

⑦离船前，船长应再次检查应带物品是否已带齐，特别是航行日志、轮机日志、国旗、各种证书、机密文件及账目等重要物品。

⑧应服从指挥，有序离船，防止发生意外，船长最后离船。

（3）弃船时的注意事项

①弃船前务必按应急措施实施防污染操作，以防止溢油污染水域环境。

②应防止由于慌乱导致人员落水等次生事故发生。

③紧急撤离应急须知应与其他相关的应急须知同步进行，并接受公司和海事主管机关的指导。

# 第九章

# 与气体燃料相关的机电设备的维护保养

- 第一节 维护保养工作的注意事项
- 第二节 相关的机电设备维护保养

# 第一节　维护保养工作的注意事项

LNG燃料动力船舶由于存在气体危险区域，所以在气罐处所、LNG管系处所、机舱处所等危险区域进行机电设备维护保养工作时，必须采取有效的防范措施，以保证人员的安全。

(1)检修前悬挂“正在检修”警示牌，且由检修负责人悬挂和摘取，其他任何人员不得变动。

(2)工作人员不得吸烟，且不允许任何烟火进入。

(3)检修人员需戴护目镜、脸罩、绝热手套，裤脚不能装在靴子里，衣袖不能装在绝热手套内，靴子不能带有铁钉。

(4)在拆卸气罐零件维修时需将瓶罐排空、卸压，若需动火还必须对气罐惰化处理。

(5)维修时使用的工具应当不能产生火花。

(6)作业现场必须配备有合适的消防器材。

(7)检修电气设备时，尽量不带电作业，并采取相应措施(如使用绝缘工具等)避免任何身体部位直接或因传导性物体间接接触其他带电设备。

(8)对于设备、管道、阀门的解冻，只能用水冲，严禁敲打、火烤和电加热。

(9)严禁酸、碱、油类物质接触气罐。

# 第二节　相关的机电设备维护保养

气体燃料系统的维护工作要根据维护手册要求严格执行，从而保证系统安全可靠运行和系统的各种检验工作。气体燃料系统的维护主要指船员在日常中如何检查和保养设备。除了在常规动力船舶中必要的检查保养外，气体燃料系统在维护中有以下几方面。

## 一、设备维护

1.动力装置

(1)注意做好进气道的通畅工作。

(2)建议运行2 000 h检查进、排气阀的密封情况，以免扫气道着火引起爆炸事故。

(3)进气道安全阀活络检查。

2.储气罐维护项目

(1)外观保养,防止锈蚀,是否存在结霜、冒汗情况;安全附件是否完好;基础是否牢固等。

(2)每周至少一次检查静电释放线路触点情况是否牢固。

(3)要经常检查地脚螺栓的紧固情况。

(4)检查LNG气罐出液管线保温层是否完好;管线上的阀门(特别是低温阀门)是否有泄漏现象;法兰连接处是否存在泄漏现象;安全附件是否完好。

(5)储气罐安全阀至少每周手动试验一次。

(6)对各种附件设备、气体燃料管线上的安全阀、压力表、温度计、液位表、压力变送器、差压变送器、温度变送器及连锁装置等进行定期检验(建议1年)。

(7)储气罐至少每2年申请专业部门绝热层重新抽真空,内外壁强度、耐压强度和气密性试验。

3.汽化器

每2年至少申请检验部门做一次压力试验,对于水浴式汽化器根据汽化情况做好水侧的清洁工作;对于使用循环水泵的水浴式汽化器至少3年对水泵做拆检检查。

4.气体管路

(1)气体管路内外壁要防止锈蚀。

(2)连接法兰及螺栓的紧固检查。

(3)各处固定卡箍和伸缩部位的检查。

(4)管路的压力试验每两年至少申请检验部门检验一次。

5.辅助阀件

(1)检验阀件的密封面及活动部件,保持良好状态。

(2)各种阀件的压力功能试验。

6.电气设备

(1)风机的拆检5年至少一次,且得到检验部门的认可。

(2)电缆的绝缘检查以及接地检查。

7.探测装置

安保系统检查的目的是保证其系统及设备的正常运转,主要包括:

(1)检查安保系统设备完好,清洁无尘。

(2)检查安保系统设备线路的完好性,不能有漏电现象,附件齐全好用。

(3)安保系统设备定期进行功能试验并记录,保证系统运行正常。

(4)监控探头定期进行功能试验并记录。

(5)检测安保系统烟雾探头、温度探头、燃气泄漏检测探头安装和接线情况,每次开航前做好系统声光和探头试验,看是否能实现燃料模式的转换或主机停机等动作。

(6)检查安保系统控制箱上开关按钮、指示灯等,检查箱内接线并进行紧固。

(7)连锁装置的性能试验。

## 二、检漏

视觉:气体液态泄漏的部位有白色雾状出现。

听觉:气体泄漏的部位有“嘶嘶”的声音

嗅觉:一般情况下,气体燃料加臭剂。

触觉:在泄漏部位周围有明显的阴凉感。

气体燃料检漏装置:当出现浓度报警值时,出现声光报警。

# 第十章

# 安全检查和船舶检验

- 第一节　内河LNG燃料动力船舶的相关法规和规范
- 第二节　海事机构安全检查
- 第三节　船检机构检验

# 第一节　内河LNG燃料动力船舶的相关法规和规范

**要点**

《内河液化天然气燃料动力船舶安全监督管理规定》《天然气燃料动力船舶规范》有关规定。

## 一、《内河液化天然气燃料动力船舶安全监督管理规定》有关规定

为保障水上交通安全，减少和避免水上交通事故，交通运输部海事局对内河LNG燃料动力船舶的安全监管出台了《内河液化天然气燃料动力船舶安全监督管理规定》，该规定自2014年12月8日开始实施。该管理规定从海事管理机构职责与权限、船公司的安全管理、船舶管理、船舶航行停泊和作业管理、船员管理、加注管理等六个方面来阐述内河LNG燃料动力船舶的监督管理，形成体现内河LNG燃料动力船舶特点的安全监督管理制度。其安全监管对象主要是指涉及LNG燃料动力船舶营运安全的航运公司、LNG燃料动力船舶和船员、相关船员培训机构。以下是该管理规定的具体内容。

1.海事管理机构职责与权限

《内河液化天然气燃料动力船舶安全监督管理规定》是依据《中华人民共和国内河交通安全管理条例》等法规制定，它适用于在中华人民共和国内河通航水域航行、停泊、作业以及从事内河交通安全有关活动的内河液化天然气燃料动力船舶，这些船舶包括普通货船、港口作业船、工程船等等。

国家海事管理机构是实施本规定的主管机关，各级海事管理机构依照各自职责，具体负责本辖区内内河液化天然气燃料动力船舶的监督管理。安全监督管理的职责主要包括：

（1）船舶登记发证。

（2）船舶最低安全配员核定发证。

（3）船员培训管理和考试发证。

（4）航运公司安全管理。

（5）船舶航行停泊和作业监督，包括办理船舶进出港口签证。

（6）出具对从事危险货物装卸的码头、泊位的意见并验收。

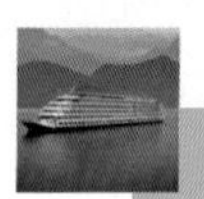



(7)提供通航保障服务。

(8)划定或者调整禁航区、交通管制区、港区外锚地、停泊区和安全作业区。

(9)组织、协调和指挥对水上遇险船舶、设施的救助。

(10)调查处理水上交通事故。

(11)建立、健全内河交通安全监督检查制度,并组织落实。

2.船公司的安全管理

内河LNG燃料动力船舶及其所属航运公司应当建立安全和防污染管理制度,内河LNG燃料动力船舶的所有人或经营人规模大小不一,管理条件和管理水平参差不齐,航行区域不同,尚不具备统一要求建立船舶安全管理体系的条件。为推广LNG燃料动力船舶的发展,并考虑现有LNG燃料动力船舶公司的实际情况,不强制要求营运LNG燃料动力船舶的公司建立船舶安全和防污染管理体系,但应建立、健全船舶安全与防污染管理制度。对于暂时没有建立安全管理体系的公司,应建立和落实与LNG燃料动力船舶运营相关的安全操作、维护和应急防护制度。

船舶所有人或船舶管理人是船舶运营安全主体,它是保证LNG燃料动力船舶安全的第一责任人。LNG燃料动力船舶的管理可参照其他燃料动力船舶的管理,如柴油燃料动力船舶。但由于LNG燃料动力船舶设备和管理的特殊性,给公司船东或船舶管理公司安全制度的建立和安全营运管理提出了特殊的要求。内河LNG燃料动力船舶所有人或经营人的主要安全管理责任如下:

(1)建造或改建符合规范并经过检验发证的船舶。按照交通运输部海事局、中国船级社相关建造规范及指南、建议要求,建造符合技术要求的船舶,这是做好LNG燃料动力船舶安全运输的基础。

(2)培训和选聘船员,并按最低安全配员规则足额配备船员。

(3)建立、健全安全与防污染管理制度,并经海事管理机构审核发证并定期审核。

同时船公司应结合LNG燃料动力试点船舶管理的经验,基于设备制造商所提供的安全操作指南,制订相应的安全操作维护手册。内河LNG燃料动力船舶在投入营运前,应当参考《内河液化天然气燃料动力船舶安全操作指南》,编制《内河液化天然气燃料动力船舶安全操作手册》,手册中应包含内河液化天然气燃料动力船舶操作、维护、应急等方面的内容。

3.船舶管理

内河LNG燃料动力船舶的船体结构和设备应当符合《天然气燃料动力船法定检验暂行规定》《内河船舶法定检验技术规则》《钢质内河船舶入级规范》和《内河船舶入级规则》等国家有关规范和技术标准,并经海事管理机构认可的船舶检验机构检验合格,取得合格的船舶检验证书。

内河LNG燃料动力船舶通风设备、LNG气体探测设备及报警装置应定期维护保养,确保处于完好可用状态。

船舶应针对碰撞、LNG燃料泄漏、火灾等可能的风险制定相应的应急预案，应急预案内容应包括风险的种类、船员的职责、应急器材、应急措施和船岸的联系方式等。

4.船舶航行停泊和作业管理

(1)禁止内河LNG燃料动力船舶从事散装液态危险货物和散装液态污染危害性货物的运输。

(2)使用LNG和柴油双燃料动力的船舶，在靠离码头、应急移泊、船舶避碰等需频繁用车的航行区域时，应关闭LNG燃料系统，使用柴油燃料动力系统。

(3)内河LNG燃料动力船舶航行、停泊和装卸作业期间，机舱和气罐处所内应禁止明火作业。

5.船员管理

内河LNG燃料动力船舶上任职的船员，应当经过内河液化天然气燃料动力船舶船员特殊培训，并取得相应的培训证明。

6.加注管理

内河LNG燃料动力船舶进行LNG燃料加注作业时，应满足以下要求：

(1)加注作业前，船舶应严格按操作手册要求，执行船岸检查，确保有效消除静电，并确保LNG燃料气罐围护区所有开口和空气进口均处于关闭状态。

(2)LNG燃料加注作业期间，在船舶任何区域均应严禁明火作业，并应关闭LNG燃料气罐围护区所有与LNG燃料加注无关的电气设备。

(3)船上协助LNG燃料加注作业的船员应采取防护措施，防止在操作中直接接触LNG及低温阀门、管线等，以免发生冻、灼伤。

(4)与加注作业无关的人员、船舶、设施应远离加注作业的船舶。

船岸遇有下列情况应当立即停止LNG加注作业，通知对方并采取相应的安全措施：

(1)船上LNG储气罐或岸上气罐异常。

(2)加注系统发生泄漏。

(3)加注站周围发生可能影响作业安全的火警。

(4)当加注船及被加注船遭受碰擦后。

(5)其他危及作业安全的情况。

船舶在码头或LNG燃料加注站靠泊期间，应做好紧急撤离的准备，发生影响船舶安全的紧急情况时，船舶应尽快撤离，驶往应急锚地或其他安全水域。LNG燃料动力船舶应每年开展不少于两次的LNG泄漏紧急情况的训练和演习，并且应每年举行一次LNG紧急情况的船岸联合演习。

发生LNG燃料泄漏事故及水上交通事故，应依据相关规定立即向船公司和海事机构进行报告。内河LNG燃料动力船舶违反本规定以及国家水上交通安全、防治船舶污染环境的规定，由海事管理机构按照有关法律、行政法规和交通运输部公布的有关海事行政处罚的规定给予相应的处罚。

## 二、《天然气燃料动力船舶规范》

目前中国船级社对内河LNG燃料动力船舶检验的依据是2013年9月1日生效的《天然气燃料动力船舶规范》,下面就该规范的主要内容进行简要的介绍。

第1章　通则

在本章中明确规定,该规范适用于20米及以上的设有天然气发动机的新建钢质船舶以及将柴油机改造为天然气发动机的现有钢质船舶,但以货物为燃料的天然气运输船除外。

本章明确规定了LNG动力船舶需要送审的图纸和资料,主要包括以下内容:(1)船舶布置;(2)管系;(3)通风系统;(4)消防设备和系统;(5)电气系统;(6)控制、监控与安全系统;(7)试验大纲及试验程序,而且还规定了备查图纸和资料以及船舶保存的图纸和资料。

在本章中还提到了在LNG动力船舶上所使用的产品检验应满足中国船级社的相关规范、规则对船用产品检验的要求,特别提出了对气罐、气体燃料发动机、电子控制系统、热交换器、阀件、泵和压缩机的要求,和对船舶检验的要求,包括建造中的检验、建造后检验、现有船改造的检验。

第2章　船舶设计与布置

为了防止任何含有LNG气体源处所发生的火灾、爆炸和低温冷冻对船舶造成的危险和影响,本章对气罐处所及气罐连接处所、燃料充装处所、机器处所、气体压缩机室和气泵室、含有气体设备的其他处所、出入口和通道及气闸做出了规定。

其中明确规定了气罐以及气罐连接处所不应与机器处所和其它具有较大失火危险的处所相邻。如果通过隔离舱进行隔离,则隔离舱的宽度应至少达到900 mm。对于真空绝热C型气罐,若气罐外壳距舱壁不小于900 mm,则气罐处所可以作为隔离舱,但气罐布置在机器处所和其它可能产生火灾的危险区域的上方的情况除外,气罐连接处所的出入口(如设有)应至少有300 mm高的门槛。

第3章　材料和管路设计

为了避免因使用气体燃料发动机而产生影响船舶结构强度和完整性的任何风险,本章对在三种型式的机舱处所内(本质安全机器处所、ESD防护式机器处所、增强安全型机器处所)的动力系统布置做出了规定,并对管路设计的一般要求、管壁厚度、设计压力、许用压力、应力分析、管路连接和焊 后热处理进行了规定,而且对管路的试验做出具体要求。

第4章　燃料围炉系统

本章主要是规定了对气体燃料储存的一般要求。其中:

(1)LNG燃料的储存可采用薄膜型气罐和独立气罐,LNG燃料的储存应采用压力容器:

(2)固定式气罐的设计寿命应不少于船舶设计寿命或20年,取大者。可移式气罐的设计寿命应不少于20年:

(3)LNG气罐的压力释放阀最大允许调定值应不大于1.0 MPa,气罐的最大允许工作压力应不大于最大允许调定值的90%:

(4)透气管出口高度应高出露天甲板不小于B/3(B为船舶最大型宽)或6米,取其大者,

并应高出工作区域和步道以上 6 米。对船长小于 40 米船舶,透气管出口高出露天甲板的距离可降至 3 米,但透气管出口与通向起居处所、服务处所和控制站及其他气体安全处所最近的空气进口、空气出口或开口和机器或锅炉装置最近的废气出口位置的距离应至少为 10 米;

(5)对于开敞甲板、围蔽处所内和半围蔽处所内储存,气罐或气罐组的布置应满足相应的要求。

第 5 章　气体燃料加注

本章主要是规定气体燃料充装的一般要求,规定了气体燃料充装站,充装系统,充装极限,充装标准接头基本要求和条件。其中:

①在 LNG 充装接头和任何可能泄露的位置的下方应安装承滴盘,承滴盘应由不锈钢制成,并应通过一根向下并靠近水面的排放管排出舷外。

②对 C 型气罐,LNG 气罐的额定充满率应不大于 90%,任何情况下的最大充满率应不大于 95%,气罐制造厂应提交气罐的液位对照表。

第 6 章　气体燃料供应

本章对气体燃料供应的一般要求,燃气系统供气阀、机器处所内的供气管路和机器处所外的供气系统提出了具体要求。本章的规则条款主要包括:一般规定;供气阀;机器处所内的供气管路;机器处所外的供气系统。

其中要求每台或每组气体燃料发动机的主供气管路上应设有 1 个手动截止阀和 1 个主气体燃料阀,两阀串联连接,或设置 1 个手动和自动操作组合阀。主气体燃料阀应位于机器处所外,并尽可能靠近热交换器(如设有)。主气体燃料阀应能按本规范所规定的情况自动切断供气管路,并能从机舱、驾驶室、控制站等位置对其进行关闭。

第 7 章　用气设备

本章规定了该章规则的适用范围,对气体燃料发动机的一般要求和安全保护,规定了双燃料发动机和单一气体燃料发动机的功能要求,并对使用气体燃料发动机进行了风险分析,包括风险分析的范围、形式和程序以及该设备与系统的分析。其中:

(1)本章规定适用于主推进气体燃料发动机及驱动发电机或重要辅助设备的气体燃料发动机;

(2)气体燃料发动机的空气进口如位于机舱内,其应尽可能远离供气管路以降低泄漏的气体燃料被吸入空气进口的危险;如空气进口位于机舱外,其应通往距离任一危险区域边界 1.5 米以外的非危险区域;

(3)气体燃料发动机曲轴箱应安装具有足够释放面积的防爆安全阀,除非有资料证明该系统的强度足以承受最恶劣情况下的爆炸。曲轴箱防爆安全阀的安装应满足如下要求:

①对于低压气体燃料发动机,当缸径小于 200 mm 时,应在靠近曲轴箱的两端至少各装 1 个防爆安全阀,但如气缸数超过 8,则应在曲轴箱中部附近另设 1 个防爆安全阀;当缸径等于和大于 200 mm,但不超过 250 mm 时,每隔一个曲拐至少应装 1 个安全阀,但其总数不少于 2 个,如曲拐数为奇数,则防爆安全阀应从端部设起;当缸径大于 250 mm 时,每一曲拐至少应装 1 个防爆安全阀。对总容积超过 0. 6 $m^3$的曲轴箱分隔空间(如驱动凸轮轴的齿轮箱

或链条箱或其他类似装置)也应设置防爆安全阀。

②对于高压气体燃料发动机,每一曲拐至少应装 1 个防爆安全阀。曲轴箱分隔空间(如驱动凸轮轴的齿轮箱或链条箱或其他类似装置)也应设置防爆安全阀。

第 8 章　消防

本章规定了防火的安全要求;对气罐处所、充装站、含有发动机的机器处所的耐火结构的要求;各个消防系统的布置要求,探火和失火报警系统的要求。本章规则条款主要包括:一般规定、耐火结构、灭火,探火和失火报警系统。其中:

(1)水灭火系统

应至少安装两台消防泵,每台消防泵的排量和压力应确保在任何消火栓处维持至少 2 股水柱,并保证每股水柱的射程应不小于 12 米,所有的消防水枪应为带开关的两用型(水柱/水雾型)。

(2)水雾系统

应安装水雾系统用于冷却和灭火,水雾系统除应覆盖位于甲板上方的气罐的暴露部分外,还应覆盖面向该气罐的上层建筑和其他甲板室的限界面,但当这些限界面与气罐的距离大于或等于 10 米时可不必覆盖。

(3)干粉灭火系统及灭火器

①气罐位于开敞甲板时,在气罐旁和气罐附近各应至少设置 2 具至少 5 kg 的手提式干粉灭火器;

②LNG 气罐位于围蔽或半围蔽处所内时,在气罐处所入口处应至少设置 1 具至少 5 kg 的手提式干粉灭火器;

③燃料充装站/充装接头区域内应设置固定式干粉灭火系统或大型推车式干粉灭火设备,其应覆盖所有可能的泄露点。其灭火能力应至少能确保以至少 3. 5 kg/s 的速率释放 45 s。系统的布置应使其能从安全位置手动释放;

④燃料充装站/充装接头附近还应设置 1 具至少 5 kg 的手提式干粉灭火器;

⑤在机舱入口处应至少设置 1 具至少 5 kg 的手提式干粉灭火。

第 9 章　防爆

本章的目的是预防爆炸和限制爆炸后果。安装在 ESD 防护型机器处所内的电气设备应满足的要求;危险区域划分 0 类区域、1 类区域、2 类区域;危险区域内的电气设备和电缆必须为防爆型。

第 10 章　机械通风

本章主要是详细规定了船舶处所的通风系统的要求,包括风机的材质,型式,风管的位置,同时还对气罐连接处所、本质安全型机器处所、ESD 防护式机器处所、增强安全型机器处所、气体阀件单元处所、泵舱和压缩机舱和双壁管通风系统的流量和数量做出了详细的规定。本章规则条款主要包括:一般规定气罐连接处所;机器处所;气体阀件单元处所;泵舱和压缩机舱;双壁管。其中:

(1)危险处所使用的风机风扇和通风管(仅指风扇处)应为按特殊规定的非火花结构;

(2)机器处所应有每小时换气至少 30 次的通风能力。

第 11 章　电气装置

本章主要介绍了船舶危险区域划分的规定,相在不同危险区域对电气设备的要求,以及对发动机电控系统及燃料供应控制系统供电的规定。

第 12 章　控制、监测和安全系统

本章规定了船舶各个处所的监控要求,对气体探测探头的数目,探头的功能做出了具体规定,并对气体燃料供应系统的各个处所安全功能提出了具体要求。

第 13 章　制造、工艺和试验

对制造、工艺和试验作出一般规定;通用试验要求(拉伸、韧性、弯曲试验);金属材料焊接和无损探伤;金属材料构造的其他要求;薄膜型舱室及 A 型、B 型、C 型舱室试验要求。

第 14 章　操作要求

本章要求在天然气燃料动力船舶上工作的全体船员应在开始船上工作以前接受与气体燃料相关的安全、操作和维护等方面的培训。直接负责操作船上与气体燃料相关设备的船员应接受操作培训,公司应有文件记录相关人员已获得必要的知识并一直保持对该知识的掌握。培训应作为船公司规范化管理体系的一部分,由公司和船上高级管理层定期检查。应定期进行与气体燃料相关的应急演习,检查和试验用于处理特定危险和事故的安全和响应系统。应制定培训手册,并根据每艘船舶及其气体燃料系统专门设计培训大纲和演习方案。

第 15 章　工程船采用分体供气的补充规定

内容包括:一般规定要求;工程船和水上浮体要求;燃料舱及供气系统要求。

附录 1 风险评估

附录 2 新颖形状的燃料围炉系统设计中极限状态方法的使用要求

附录 3 海船燃料舱结构强度评估

附录 4 内河船燃料舱结构强度评估

附录 5 电子控制系统

## 三、《内河天然气燃料动力船法定检验暂行规定(2013)》

为规范 LNG 燃料动力船舶的建造和营运检验,中华人民共和国海事局于 2013 年 11 月 15 日起开始实施《内河天然气燃料动力船舶法定检验暂行规定(2013)》,该规定一共有 10 章。

第一章　通则

第二章　船舶布置

第三章　气体燃料管系

第四章　气体燃料储存

第五章　气体燃料充装

第六章　气体燃料发动机

第七章　电气系统

第八章 监测和安全系统

第九章 机械通风

第十章 消防

由于该规定的相关要求与中国船级社颁布实施的《天然气燃料动力船规范》相同或相近，在此不再赘述。

# 第二节 海事机构安全检查

根据《船舶安全检查规则(2009)》的相关规定，船舶安全检查的内容应包括：船舶配员；船舶和船员有关证书、文书、文件、资料；船舶结构、设施和设备；载重线要求；货物积载及其装卸设备；船舶保安相关内容；船员对与其岗位职责相关的设施、设备的实际操作能力以及中国籍船员所持适任证书所对应的适任能力；船员人身安全、卫生健康条件；船舶安全与防污染管理体系的运行有效性；法律、行政法规、规章以及国际公约要求的其他检查内容。

由于内河LNG燃料动力船舶在动力系统、供气系统等方面存在结构和设备上的特殊性，根据《内河LNG燃料动力船舶安全检查指南》，海事机构对内河LNG燃料动力船舶执行安全检查的时候，除了对其常规项目进行检查外，还要重点检查与LNG燃料动力相关的项目，这些项目包括六部分内容：LNG燃料气罐及围护系统；燃料管系及附属阀件；机舱处所；LNG燃料充装、消防、证书及文件。以下是该安检指南的具体内容。

## 一、LNG燃料气罐及围护系统

1.气罐检查

(1)对半围蔽处所内的气罐，检查是否设置气罐连接处所。如未设置气罐连接处所，且半围蔽处所内布置有接头、阀件或其他可能产生泄漏的设备，则检查设置的2套可燃气体合格防爆型探测装置是否可正常使用。

(2)检查气罐及其附件的布置是否能确保良好的自然通风。

(3)检查气罐是否采取了有效防护，以防止机械损伤。

(4)气罐与船体结构之间如采用绝缘隔离，则检查是否对气罐采取电气绝缘措施。

(5)检查气罐及其附属设施的泄漏源下方是否设有耐低温集液盘。

(6)检查气罐每一气体燃料供应出口设置的主阀和手动截止阀是否可正常使用。

(7)检查LNG气罐设置的两个完全独立的压力释放阀是否可正常使用。

(8)检查安装在驾驶台或控制室的高压报警、低压报警(如适用)、高液位报警、低液位报警是否能正常使用。

(9)检查气罐显示的压力表、液位表,以及在驾驶台或控制室显示的压力表、液位表是否能正常使用。

2.气罐连接处所

(1)检查气罐连接处所是否安装设计换气至少30次/小时的抽吸式通风系统。

(2)机器处于燃气模式状态时,检查通风系统是否持续运行。

(3)检查非本质安全机器处所通风系统是否按要求独立于其他通风系统。

(4)检查气罐连接处所内的污水井(如设有)的液位指示器的高液位报警装置是否可用,温度传感器低温指示是否能引起气罐主阀的自动关闭。

3.围护系统

(1)对于围护系统可能存在泄漏风险的位置,检查是否在其下方设置集液盘,以保证LNG泄漏时,船体或甲板结构不会遭受过冷。

(2)检查是否在气罐及其管系区域设置适当的隔离措施(如围栏),以防止船上人员因无意接近或接触而造成低温伤害。

(3)检查气罐及其管系区域的甲板是否采取措施(如敷设特殊材料),防止因人员走动产生火花。

(4)当燃料围护系统位于围蔽处所时,除非能够排除燃料围护系统泄漏的可能;否则应检查气罐处所与邻接处所间是否保持气密。

## 二、燃料管系及附属阀件

1.燃料管系

(1)检查气罐及其附属管系附近是否设置醒目标记,以警示相关人员对低温管系的安全操作和防止意外接触而导致低温受伤。

(2)对于波纹管膨胀接头,检查其是否采取措施防止其遭受机械损伤;对于法兰接头,检查其是否设有防止螺母松动的措施(如防松垫圈等)。

(3)当在气罐或管路与船体结构之间采用绝缘隔离时,则检查管路和气罐均是否采取了电气绝缘措施。所有管接头和软管接头也应检查是否已作电气连接。

(4)检查所有气体管系是否采用统一的颜色标识。

(5)检查露天位置的供气管路是否采取有效措施避免使其遭受意外的机械损坏。

(6)检查气体燃料透气管出口是否装设适当的防护网(网眼孔径不大于13mm)。

2.附属阀件

(1)检查机器处所内通向发动机的供气管路上所有阀件和可能产生泄漏的部件是否按要求布置在气体阀件单元处所内。

(2)检查可能被隔离的含有液态气体的管路和附件上安装的压力释放阀是否可正常使用。

(3)检查每台或每组气体燃料发动机的主供气管路上串联设置的手动截止阀和主气体燃料阀,或手动和自动操作组合阀是否可正常使用。

(4)检查主气体燃料阀是否可从机舱、驾驶台、控制站等位置对其进行关闭。

(5)检查通往气体燃料发动机的供气管路上安装的互锁气体阀是否可正常使用。

(6)检查在连锁气体阀上游通向每台气体燃料发动机的供气管路上设置的手动操作的截止阀是否可正常使用。

## 三、机舱处所

1.主机

(1)气体燃料发动机如采用将压缩空气直接通入气缸的方式进行起动,则检查空气管路上安装的火焰消除器是否可正常使用。

(2)对于气体燃料通过进气总管进入气缸的发动机,则检查在进气总管上安装的防爆安全阀或其他防爆措施是否可正常使用。

(3)检查气体燃料发动机的排气管上安装的防爆安全阀或其他防爆措施是否可正常使用。

(4)检查当发动机在燃气模式下停车后,船员是否能正确采取措施通过气体燃料发动机排气管上的手动吹扫接口,扫除排气管内可能存在的可燃气体。

(5)检查气体燃料发动机的排气管是否未按要求与其他排气管相连。

2.泵舱和压缩机舱

(1)检查泵舱和压缩机舱通风系统是否具有每小时换气至少30次的通风能力。

(2)检查船员是否在通风系统运行10分钟后才起动泵和压缩机;检查当泵或压缩机工作时,泵舱和压缩机舱的通风系统是否可持续运转。

3.相关电气设备

(1)检查机舱的任何位置是否按要求保证有两套相互独立的固定式合格防爆型气体探测装置的有效覆盖。

(2)检查可燃气体探测系统是否可连续工作,其听觉和视觉警报是否按要求布置在驾驶台或机舱控制室内。

(3)检查是否配置一套便携式燃气探测器供船员对舱室可燃气体的探测。

(4)检查机器处所抽风机是否采用不会产生火花的结构型式,并具有每小时至少换气30次的能力。

(5)检查机舱机械通风与双燃料发动机燃气模式连锁是否可正常运行,即当抽风机开启至少10 min以后,发动机才能采用燃气模式运行。

(6)检查风机的外壳是否按要求接地。

(7)检查危险处所通风管的外部开口处是否设置单个方形网孔边不大于13 mm的防

护网。

(8)检查照明装置和开关是否为合格防爆型。

## 四、LNG燃料充装

1.充装站

(1)在液化气体燃料充装接头和任何可能泄漏的位置下方,检查是否安装耐低温集液盘,并通过一根向下并靠近水面的排放管(该管可在充装操作时临时设置)排出舷外。

(2)检查在充装操作时是否能从安全位置对其进行控制(应能对气罐压力、温度和液位进行监测,还应能进行溢流报警和自动切断)。

2.充装系统

(1)检查充装总管设置的过滤装置和LNG回气管路接头是否可正常使用。

(2)检查每一充装管路靠近通岸接头处串联安装的手动截止阀和遥控截止阀,或手动操作和遥控的组合阀是否能在燃料充装作业的控制位置和/或其他安全位置正常操作相关遥控阀。

(3)检查是否设有对充装管路进行除气和惰性气体吹扫的有效设施。

(4)检查充装过程中,相应的上层建筑或甲板室两侧的所有门、窗及其他开口和空气进口是否均保持关闭状态。

3.充装作业

(1)对C型气罐,检查LNG气罐的额定充满率应不大于90%,任何情况下不应大于95%。对其他型式的气罐,检查其充装极限应满足中国船级社《散装运输液化气体船舶构造与设备规范》(2009)15.8.26.1、15.8.26.2中的有关要求。

(2)检查在燃料充装总管的截止阀和通岸接头之间、气泵或压缩机排放管路和燃料管路上安装的就地显示的压力表是否可正常使用。

## 五、消防

1.气罐处所耐火结构

(1)气罐位于围蔽或半围蔽处所内时,检查气罐连接处所及其通风导管、气罐处所与其他相邻处所的限界面是否采用“A-60”级防火分隔(注:若与空舱、卫生间及类似处所相邻时,则其防火分隔可降至“A-0”级)。

(2)气罐位于开敞甲板时,检查面向气罐的起居处所、服务处所、货物处所、机器处所和控制站的限界面是否采用A-60级防火分隔。

2.充装站耐火结构

(1)检查围蔽/半围蔽的燃料充装站与其他相邻处所之间的限界面是否采用“A-60”级防火分隔(注:若与空舱、卫生间及类似处所相邻,则其防火分隔可降至“A-0”级)。

(2)位于开敞甲板的充装接头，面向充装接头的起居处所、服务处所、货物处所、机器处所和控制站，检查沿充装接头左右方向10 m距离内的限界面是否采用“A-60”级防火分隔（当充装接头与上述处所间的距离大于10 m时，其防火分隔可降至“A-0”级）。

3.相关消防阀件

(1)当气罐布置在开敞甲板时，检查消防总管是否安装隔离阀以隔离管内损坏区域，并满足以下要求：即对消防总管破损部分的隔离不应影响被隔离的管段前面的消防管路。

(2)检查水雾系统总管上安装的将系统分为两个或多个区域的截止阀，是否可以正常使用，以达到隔离损坏区域。

(3)检查管路连接到船舶消防总管前设置的截止阀是否可正常使用。

4.灭火

(1)检查安装的至少两台消防泵，每台消防泵的排量和压力是否可确保在任何消火栓处维持至少2股水柱，并保证每股水柱的射程不小于12 m。

(2)检查所有的消防水枪是否为带开关的两用型（水柱／水雾型）。

(3)检查水雾系统除覆盖位于甲板上方的气罐的暴露部分外，是否还满足覆盖面向该气罐的上层建筑和其他甲板室的限界面的要求（注：当这些限界面与气罐的距离大于或等于5 m时，可不必覆盖）.

(4)检查水雾系统供给泵和截止阀是否位于易到达之处，并保证该位置不会因被保护区域内发生火灾而被阻断。

(5)检查水雾系统喷嘴是否为认可型，并保证其所喷射的水在被保护区域内有效分布。

(6)LNG燃料气罐位于开敞甲板时，检查在气罐旁和气罐附近，是否各至少设置2具至少5 kg的手提式干粉灭火器。

(7)LNG燃料气罐位于围蔽或半围蔽处所内时，检查在气罐处所入口处是否至少设置1具至少5 kg的手提式于粉灭火器。

(8)燃料充装站／充装接头区域内设置的固定式干粉灭火系统或大型推车式干粉灭火设备，是否可覆盖所有可能的泄漏点，并检查系统的布置是否满足使其能从安全位置手动释放的要求。

(9)检查燃料充装站／充装接头附近是否设置1具至少5 kg的手提式干粉灭火器。

(10)检查在机舱入口处是否至少设置1具至少5 kg的手提式干粉灭火器。

5.探火和报警系统

检查在气罐处所、设有气体燃料发动机的机器处所安装的固定式自动探火和失火报警系统是否可正常使用。

## 六、证书及文件

1.船舶证书

(1)按普通货船检查要求,开展船舶相关证书正常检查。

(2)重点检查船舶检验证书及其中间检验、年度检验或特殊检验等关于LNG燃料动力船舶的特殊检验内容及其有效性。

2.船员证书

检查内河LNG燃料动力船舶上任职的所有船员是否完成内河LNG燃料动力船船员培训,并取得相应的内河LNG燃料动力船舶船员特殊培训合格证。

3.相关文书和记录台账

(1)检查船上是否备有经相关机构批准的气体燃料动力系统安全操作手册。

(2)检查船上是否定期进行与气体燃料相关的应急演习,并随船备有相关应急演习记录台账。

(3)检查船上是否备有供气系统及危险区域电气设备的专门维护手册,并备有相关检查和维护的记录台账。

# 第三节　船检机构检验

## 一、船舶检验

1.1　一般要求

所有检验程序、检验方式、检验种类、检验间隔期、检验条件、检验前准备、检验和试验要求以及船舶图纸、资料、证书、记录和报告等的保存,对于海船应按中国船级社《钢质海船入级规范》或《国内航行海船入级规则》的有关规定执行;对于内河船舶,应按中国船级社《内河船舶入级规则》的有关规定执行。

1.2　建造中检验

(1)气体燃料发动机的安装和试验。

(2)燃料围护系统的安装和试验。

(3)燃料充装系统的安装和试验。

(4)供气系统(含热交换器)的安装和试验。对增强安全型机器处所内供气管路上的每一对接焊接头,均应进行射线检测。

(5)气体燃料发动机机器处所和气罐处所、气罐连接处所(如设有)通风系统的安装和试验。

(6)气体燃料发动机遥控关闭装置的安装和试验。

(7)气体探头的安装位置、数量,并进行气体探测、报警系统的试验。

(8)防爆设备或防点燃设备的确认和安全检查,如防爆电气设备的安全性依赖于保护(如过载保护继电器)和/或报警(如正压型设备的失压报警)装置动作,则保护装置和报警装置应作效用试验,验证其动作和报警装置设定值的正确性。

(9)确认受正压保护处所的正压通风的能力,在最低通风流量下的净化时间应测试,并记录在相关文件中,当压力异常时应采取的安全措施(关断和/或报警)动作值应经过验证。

(10)危险等级依赖于机械通风的处所,其通风装置应作效用试验,通风量应足够,通风系统故障的报警应正确。

(11)确认本质安全电路的设备和电缆安装的正确性。

(12)探火、灭火装置的安装与试验。

(13)核查气体燃料系统操作手册。

1.3 建造后检验

1.3.1 年度检验

(1)燃料围护系统

① 检查罐体铭牌是否清晰、牢固可靠,内容是否齐全。

② 检查气罐液位指示仪是否处于工作状态以及高液位报警和高液位自动关闭系统是否处于正常状态。

③ 对气罐压力释放阀的最大开启压力调定值进行标定。

④ 检查气罐压力、温度(如设有)指示装置和所附连的报警装置是否处于正常状态。

⑤ 检查气罐罐壳是否有剥蚀、腐蚀或刮伤、凹陷、变形、焊缝缺陷、外壳结霜、冒汗等现象。

⑥ 目视检查罐体接口部位焊缝的裂纹等。

⑦ 确认气罐安全操作程序(包括气罐主阀的安全控制、液位容积对照表、压力释放阀紧急隔离、充装预冷要求等)保存在船上。

(2)对热交换器进行检查,以确认其运行状态、加热能力等满足技术规格的要求。

(3)检查气罐连接处所、气体阀件单元处所的密封设施是否处于正常状态。

(4)检查面向危险区域的上层建筑和甲板室端壁上的门、舷窗和窗等是否处于良好状态。

(5)检查在遇到气体燃料出现泄漏时供保护船员用的任何特殊围蔽处所的关闭装置和其他装置(如设有时)是否处于正常状态。

(6)检查不经常进入的处所所用的手携式通风设备(如设有)是否处于正常状态。

(7)检查集液盘及其与甲板之间的隔热是否处于正常状态(如设有时)。

(8)检查工作处所的通风系统和气闸(如设有)以及居住处所的通风关闭装置是否处于正常状态。

(9)检查手动应急关闭系统以及压缩机自动关闭装置是否处于正常状态。

(10)检查气体燃料透气管路系统,包括透气管桅和防护网。对气体燃料管路上的膨胀接头、支架等应特别予以注意。

(11)检查气体危险区域的电气设备是否处于良好状态,并检查维护及维修记录。

(12)检查气体燃料探测系统,并对其进行试验,以确认其处于正常工作状态,必要时应用样气进行校核。

(13)检查探火和灭火装置,并试验起动一台主消防泵。

(14)检查水雾系统是否处于正常状态。

(15)检查干粉灭火系统是否处于正常状态。

(16)核查气体燃料发动机系统的安全操作手册。

1.3.2　中间检验:除应满足本社相关规范对中间检验的有关要求和本规范1.3.1的要求外尚应包括:

(1)确认管路和气罐与船体电气接地。

(2)确认用于危险处所通风的机械通风风扇已备有备件。

(3)燃气系统关于压力、温度和液位的仪表应进行目视检查,并应通过改变压力、温度和液位来进行对比试验。可接受无法接近的传感器进行模拟试验。此试验还应包括对报警和安全功能的试验。

(4)对于真空绝热型气罐,按本规范附录1中4.1.4的有关要求进行真空度测试。

(5)电气设备:危险区域的电气设备应尽实际可能地进行接地保护(接地点检查)、隔爆外壳完整性、电缆外护套损坏情况、正压型设备和相关报警设备的功能试验、气闸保护处所(如设有)内的非合格防爆型电气设备电源切断系统试验和绝缘电阻测量等方面的检验。

1.3.3　特别检验:除应满足本社相关规范中对特别检验的有关要求(如适用时)和本规范1.3.2的要求外,尚应包括:

(1)燃料围护系统

① 对于设有人孔的气罐必须开罐,进行以下外观检查:

(a)防浪板(如设有)与罐体的连接情况,连接焊缝处的裂纹、连接固定螺栓的松脱、防浪板裂纹、裂开或脱落等。

(b)气罐气相管、液位计固定导架与罐体连接处的裂纹、裂开或松脱等。

② 气罐连同其气、液相接管进行气密性试验,试验介质应为干燥、洁净的氮气或空气。进行气密性试验前,必须经罐内气体成分检测合格;否则严禁用空气作为试验介质。

③ 气罐连同其气、液相接管进行液压试验。如果气罐支撑处的板、塔结构、支座和管子连接件以及甲板贯通处的密封装置完好,且气体泄漏监测系统的工作情况满意,航行记录表

明无任何运行不正常情况，则可不作液压试验。

④ 对所有直接与气罐连通的阀和旋塞应打开检查，对连接管应做内部检查（如实际可行）。

⑤ 对气罐的压力释放阀和真空释放阀应打开检查，对释放阀的调定值应作校核（如适用时）。

⑥ 如气罐包有绝缘物时，应拆去足够的绝缘物（特别是位于连接处和支撑处的绝缘物），以确定气罐的状况。

（2）对气体和液体燃料管路上的压力释放阀的压力调定值应做校核。

（3）对气体燃料管系上的阀进行校核，调整时，可将阀拆下，且可用空气或其他适用气体进行调整。

（4）对热交换器进行拆检和效用试验。

（5）对惰性气体发生器进行检查，以确认其所产生的惰性气体是在技术规格范围内且该设备运行正常。

（6）对惰性气体的分配阀和管路等作总体检查，对储存惰性气体的压力容器应作内外部检查，对系固装置应作特别检查，应查明压力释放阀是否处于良好工作状态。

（7）将气密舱壁上的轴封拆开，检查其密封装置。

（8）将每台压缩机打开检查，检查运动部件、固定部件以及阀、阀座、密封压盖、释放设施、吸入滤器和滑油装置等。如验船师对校中和磨损情况认为满意，则对下轴瓦和曲轴箱轴封压盖可不拆开检查。

（9）对于包有绝缘物的管子，应拆去足够数量的绝缘物，使能确定管子的情况。对密封状况应做特别检查。

（10）对气体燃料发动机除按本社规范有关柴油机的特别检验项目进行外，尚应进行如下检查：对气体管路的导管或罩壳做总体检验；对管道的排气或惰化装置应予检查；气体燃料发动机在工作状态下进行操纵试验。

## 二、产品检验

1. 产品检验应满足中国船级社相关规范、规则的要求

船上产品应按相关规范、法规的要求持有船用产品证书。

2. 与气体燃料系统相关的重要产品

如气罐，气体燃料发动机，热交换器，电子控制系统，气体燃料管路上的所有阀件、软管、波纹管，泵和压缩机等应持有中国船级社船用产品证书，并满足《天然气燃料动力船舶规范》相应要求。

3. 气罐应满足如下要求

（1）应将下列图纸资料一式三份提交中国船级社审批：

① 气罐的详细图纸，包括内部结构、次屏壁（如设有）、隔热、管路、阀件和接头等。

② 气罐支承的详细图纸。

③ 气罐及连接管路的材料说明书。

④ 气罐设计载荷和结构分析(含受压元件强度计算)的技术文件。

⑤ B型或C型独立气罐的完整应力分析资料。

⑥ 气罐压力释放阀的排量计算书。

⑦ 气罐焊缝的无损检测、强度和罐体密性试验的资料。

⑧ 气罐隔热性能计算或试验资料。

⑨ 气罐焊接工艺说明书。

⑩ 气罐连接处所(如设有)的图纸资料。

(2)含有液态和/或气态气体燃料的压力容器,除应满足中国船级社相关规范对压力容器相应要求外,尚应满足本规范第5章和附录1的适用要求。

4.气体燃料发动机应满足如下要求

(1)应将下列图纸资料一式三份提交中国船级社审批:

① 中国船级社相关规范对柴油机要求提交的图纸资料。

② 气体喷射阀及其驱动、密封系统。对于采用混合器的预混式气体燃料发动机,应提交混合器的图纸资料。

③ 曲轴箱保护布置和详细说明。

④ 空气进气总管和排气总管防爆布置和计算书。

⑤ 与气体燃料燃烧有关的发动机控制系统原理图,包括监测、报警和安全保护装置。

⑥ 与气体燃料燃烧有关的发动机试验程序和试验报告。

⑦ 发动机排气系统布置图。

⑧ 气体燃料发动机风险分析(如FMEA)报告。

⑨ 中国船级社认为必要的其他图纸和资料。

(2)气体燃料发动机除应满足中国船级社相关规范对柴油机相应要求外,尚应满足本规范第11章和附录2的适用要求。

5.电子控制系统应满足如下要求

用于气体燃料发动机或气体燃料供应的电子控制系统,除应满足中国船级社相关规范对柴油机电子控制系统相应要求外,尚应满足本规范第10章和附录3的适用要求。

6.热交换器应满足如下要求

用于气体燃料加热或汽化的热交换器,除应满足中国船级社相关规范对热交换器相应要求外,尚应满足本规范附录4的要求。

7.阀件、软管、波纹管应满足如下要求

(1)中国船级社相关规范的相应要求。

(2)拟用于工作温度低于-55℃的每种尺寸和每种型式的阀,应在最低设计温度(或更 低)和不低于阀的设计压力下进行密性试验。在试验期间,应确认阀具有良好的工作性能。

# 第十一章

## 实操训练

# 第一节　人员安全防护用具的使用

在LNG燃料动力船舶上工作的船员对LNG燃料需要防范的风险主要有火灾、低温灼伤与冻伤等，因此在进行与LNG燃料相关的作业以及在LNG可能影响的区域内工作时，必须穿戴必要的个人防护装备，这些装备主要有防静电服、安全靴、防护面罩和皮革手套等。

## 一、防静电服

防静电服是由专用的防静电洁净面料制作而成，此面料采用专用涤纶长丝，径向或纬向嵌织导电纤维，高效、永久的防静电。其缺点是吸汗能力差、穿着不舒适。虽然纯棉工作服不但穿着舒适也有一定的防静电作用，但有实验表明，随着相对湿度的降低，纯棉织物带电量会增大。如图11-1所示，为LNG燃料动力船舶上使用的个人安全防护用具。为保证工作安全，LNG燃料动力船舶的船员在可能受LNG泄漏影响的区域工作时，必须穿着防静电服，而且服装的尺寸要求要适当宽大一些，以防低温液体溅落在衣服上无法及时、顺利脱掉而造成皮肤冻伤。

图11-1　LNG燃料动力船舶个人安全防护用具

1.使用防静电服的注意事项

(1)禁止在防静电工作服上附加或佩带任何金属物件。

(2) 严禁在易燃易爆场合穿、脱防静电服。

(3)不准在操作静电敏感产品的现场穿上或脱去工作服，应在指定的更衣室进行更衣。工作服的钮扣应全部扣上，尽量不使其处于接近脱衣的状态。

(4)穿防静电服时，还应与防静电鞋配套，同时地面也应是防静电地板并有接地系统。

(5)防静电服应保持清洁干净，保持其防静电性能。

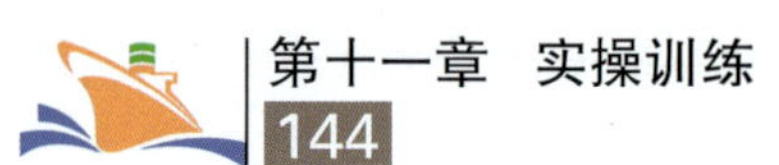

(6)穿用一段时间后，应对防静电服进行检验，若静电性能不符合尺度要求，则不能再以防静电服使用。

(7)外层服装应完全遮盖住内层服装。分体式上衣应足以盖住裤腰，弯腰时不应露出裤腰。

2.防静电服的维护保养

(1)防止防静电服接触高温；搬运防静电服过程中严禁用手钩拖拉。

(2)防静电工作服应存放在干燥通风仓库内，防止霉烂变质。

(3)储存防静电服时，离开地面和墙壁200 mm以上，离开一切发热体1 m以上。

(4)避免阳光直射防静电服，严禁露天放置防静电服。

(5)防静电服储存时须加适量的防蛀剂。

(6)防静电服最好使用中性洗涤剂清洗，不要与其他衣物混洗，采用手洗或洗衣机柔洗程序，防止导电纤维断裂。

(7)防静电服的洗涤水温应在40 ℃以下，漂洗防静电服用常温清水。洗涤时间尽可能短，但必须充分漂洗，以清除残留的洗涤剂。

## 二、安全靴

安全靴是避免或减轻员工身体伤害的安全防护用品之一。它主要是防护人体的足部不受外部硬物的伤害，安全靴与普通的胶鞋不同，比普通胶鞋的制作工艺、使用材料以及检测标准都高，安全靴只有在出厂前通过一系列的检测项目，才能真正意义上保护使用者的安全。LNG燃料动力船舶上一般要求穿防静电安全靴。防静电安全靴配有防静电或导电的鞋底，整个鞋不用金属材料，能消除人体静电积聚。安全靴从开始使用时就要进行电阻测试，随后需定期测试，以确保鞋的最大电阻值不超过允许值。防静电安全靴的选择和使用有以下注意事项：

(1)安全靴除了须根据作业条件选择适合的类型外，还应合脚，穿起来使人感到舒适，这一点很重要，要仔细挑选合适的安全靴号。

(2)安全靴要有防滑设计，不仅要保护人的脚部免遭伤害，而且要防止操作人员因滑倒而造成的伤害。

(3)各种不同性能的安全靴，要达到各自防护性能的技术指标，如脚趾不被砸伤，脚底不被刺伤，有防静电等要求。

(4)使用安全靴前要认真检查或测试。

(5)安全靴用后要妥善保管，橡胶鞋用后要用清水或消毒剂冲洗并晾干，以延长使用寿命。

(6)禁止当绝缘鞋使用。穿用防静电靴不应同时穿绝缘的毛料厚袜或使用绝缘鞋垫；防静电靴应同时与防静电服配套使用；防静电靴一般不超过200 h应进行靴电阻值测试一次，如果电阻值不在规定的范围内,则不能作为防静电靴使用。

### 三、防护面罩

在接触低温设备或可能被低温LNG危害时,必须佩戴防护面罩,如在加注作业过程中,参与作业的工作人员必须佩戴专用的防低温面罩,这种面罩的材质在低温下不会脆裂。面罩上一般设有可以调节松紧的装置,穿戴人员应根据自己头部大小进行适当调节,以防工作时脱落。图11-1中所示的低温防护面罩和安全帽做成一体,设计较为合理,是LNG燃料动力船舶上船员比较理想的防护装备。

### 四、皮革手套

由于LNG液体和低温设备的温度极低,人体皮肤直接与其接触会产生严重的冻伤。低温LNG液体黏度较低,它们会比其他液体(如水)更快地渗进纺织物或其他多孔的材料里去,在可能受低温液体或蒸汽影响时,应戴上无吸收性的手套(如皮革或PVC手套)。手套应宽松,这样如发生液体溅到手套上时,就可容易地将手套脱下。如果用手直接进行操作,手上皮肤表面的潮气会迅速凝结并粘在低温设备表面上,进而发生皮肤及皮肤以下组织冻结,这时候如硬将皮肤从低温设备表面撕开,将造成这部分皮肤撕裂,因此操作人员必须戴上保护手套方可进行低温设备的操作。另外,操作人员也应特别注意手套表面是否潮湿。

皮革手套是人们所熟知的手套中最古老的一种,手套是由头层牛皮、山羊皮、猪皮和绵羊皮等皮革制成,不易被损坏,有较长的使用寿命,精细的加工处理使得皮革手套穿戴舒适,抓紧物品精确,另外皮革手套还具有隔热与绝缘性能较好的优点。在操作低温部件时可以很好地保护工作人员不受冻伤危害。一旦发生低温液体飞溅,也不会使皮肤因接触低温液体而发生冷灼伤。戴皮革手套时需将衣袖口套入手套的筒口内,以防发生意外。使用后应将手套内外污物擦洗干净,待干燥后,撒上滑石粉平整放置,以防受损,切勿随意放置。

## 第二节　测氧仪和测爆仪的操作

### 一、测氧仪的使用操作

呼吸LNG低温蒸气有损健康,短时间内,导致呼吸困难,时间一长,就会产生严重的后果。虽然LNG蒸气没有毒,但其中的氧含量较低,容易使人窒息。如果吸入纯净LNG蒸气而不迅速脱离,很快就会失去知觉,几分钟后便会死亡。当空气中的氧含量逐渐降低时,操作人员是不会有感觉的,也没有任何警示,等意识到则为时已晚。在正常环境中,空气中的

氧气浓度是21%，适于人们的生存和工作。但当空气中的氧气浓度为8%时，人会神志不清，并在7~8 min内死亡。12%时人会全身无力并发生呕吐。18%时人会有异常感觉，长时间工作会觉得不舒服，并对身体健康有影响。因此18%浓度的氧气一般被认为是安全界线，测氧仪一般在18%报警。

为了避免窒息事故发生，人员进入可能有高浓度的LNG气体的气罐区域或其他危险区域前，需要检查氧气浓度。

测氧仪按使用可分为固定式和便携式；按原理分有磁感式、电解式、化学吸收液式。尽管测氧仪牌号很多，其原理和操作方法也不尽相同，但具体的操作还是有很多共同之处。如图11-2所示，现以电解式为例介绍如下：

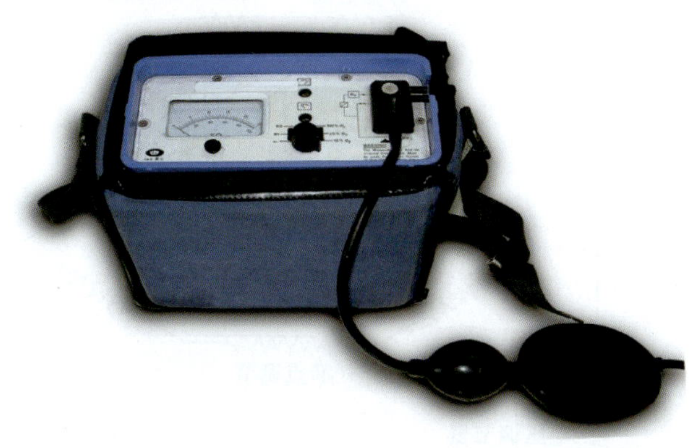

图11-2 电解式测氧仪实物图

1.测氧仪使用方法

(1)检查外观是否完好，传感器是否在有效期内。

(2)打开电源开关，检查电压是否正常。

(3)在新鲜空气中用调节旋钮检查报警值(18%)，并将读数调整到21%。

(4)吹口气试验测氧仪的灵敏度(人呼出的气体含氧量为16%~18%)。

(5)选测量点。一般每个舱至少要选两个以上的点，每个点要测上、中、下三处，还要注意死角。

(6)将传感器伸入被测处，读数稳定以后，记下读数，拔出传感器。

2.测氧仪使用注意事项

(1)每次测完均应在新鲜空气中使表盘读数恢复到21%后，方可测下一点。

(2)传感器不能吸入液体。

(3)如舱内刚进行过通风，必须等风机停机后静置10 min以上方可测量。

(4)一般不做零点调节。必要时只能采用惰气来作零点标准。

## 二、测爆仪的使用操作

可燃气体检测仪是用来检测舱内混合气体中烃气百分浓度的一种仪表。根据工作原理可分为：催化灯丝型测爆仪、非催化炽热灯丝型测爆仪、拆射率型测爆仪。通常在油船上使用较多的是催化灯丝型的测爆仪。

1.催化灯丝型测爆仪

催化灯丝型测爆仪是专门用来测定空气中烃气浓度低于可燃下限的一种仪表。这种可燃气体检测仪是利用惠斯顿电桥的原理进行工作的，如图11-3所示。

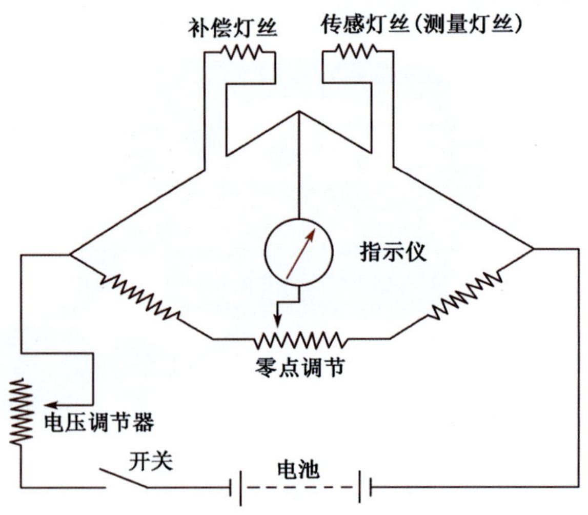


图11-3 催化灯丝型测爆仪工作原理图

这种仪器的测量范围是可燃下限以下的可燃气浓度。表盘中的刻度是爆炸下限的0~100%。例如，实测时表盘指针读数是30%，舱内的可燃气真实浓度是多少呢？那就要看被测气体是哪种货物，这种货物蒸气的下限是多少了。如果是苯，下限为1.2%，那么此时该可燃气的真实浓度为：

$$30\%\times1.2\%=0.0036$$

该仪器一般同时具有声光报警功能，而且报警值的大小可自行设定，一般设在下限的25%。

（1）使用方法：

① 检查仪表外观及采气管路是否完整、是否漏气。

② 打开开关，检查电池电压。电压不够会发出报警，应充电或更换电池。

③ 除气。在新鲜空气中开机进行吸气和排气，使传感灯丝处在原状态。

④ 使用调零旋钮试验一下报警器，并将指针调到零点。

⑤ 选点。确定被测场所测量位置，一般舱室至少要选两个以上的点，每个点要测上、中、下三个位置。

⑥ 吸气检测。将采气管伸入被测处，当指针在表盘上的移动稳定后，便可记下读数。

(2)注意事项：

① 当被测场所的氧含量低于18%时，不能使用该表测量。

② 每次测量前都应先除气，使指针调零后方可再测下一点。

③ 当被测场所刚刚通风时，要在停止风机后最少静置10 min后方可测量。

④ 采气管不能吸入液体。

⑤ 这种仪器在使用一段时间后应用标准的样气(如LEL50%、LEL12%、LEL8%的可燃气)进行校验。

⑥ 当被测气体浓度过高超出下限范围时，指针在摆向满刻度后会立即返回零位。这时应注意，此时的气体浓度并非是零，而是在下限之上。

2.非催化炽热灯丝型及折射率式测爆仪

如图11-4所示，非催化炽热灯丝型测爆仪是用来测定烃气浓度在1%以上的烃气含量的一种仪器。这种仪表的操作与催化灯丝型测爆仪差不多，不同的是当烃气浓度很高时，也不会影响这种仪表的使用。

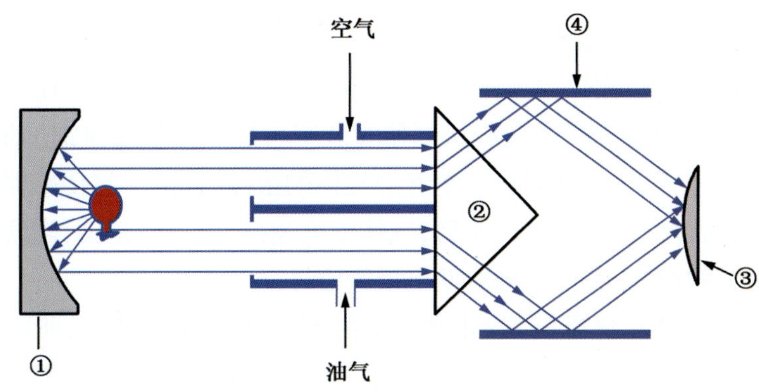


图11-4 非催化炽热灯丝型测爆仪工作原理图

折射率式测爆仪是利用光束通过不同介质所产生的折射不同、气体浓度不同所产生的光折射不同的原理制成的。

非催化炽热灯丝型和折射率式测爆仪在内河油船上目前使用的不是很多。

# 第三节 固定式可燃气体探测系统的测试

LNG燃料动力船舶为了防止由于气体燃料漏泄产生火灾危害，按照相关的船舶建造和检验规范要求，在燃料气罐、机舱等可能有气体燃料泄漏的区域必须布置一定数量的固定式可燃气体探测器，以便实时检测以上处所空气中可燃气体含量。在含量超过设定值时，船舶的安保装置能够发出报警并进行相应的保护动作。

在白天，可通过目测的方法来探测可见的蒸气云团，但是在晚上，就不再适用了。通常，LNG混燃船都装有可燃气体探测器，探测器都置于易发生泄漏的地方。一旦探测器探出蒸气－空气的浓度达到下限的20%时，就会通过报警传到控制室，操作工须立即采取相应的控制措施进行处理。当蒸气－空气的探测浓度达到下限的60%时，就会自动停车。因此，连续的自动探测系统在安全探测方面比人工探测具有更大的优势，并且比人工探测更为准确、可靠。

## 一、典型可燃气体报警控制系统实际操作

1.典型可燃气体报警系统构成

固定式可燃气体检测仪主要由气体报警控制器和气体探测器组成，控制器可放置于值班室内，主要对各监测点进行控制，探测器安装于可燃气体最易泄漏的地点，其核心部件为内置的可燃气体传感器，传感器检测空气中气体的浓度，探测器将传感器检测到的气体浓度转换成电信号，通过线缆传输到控制器，气体浓度越高，电信号越强，当气体浓度达到或超过报警控制器设置的报警点时，报警器发出报警信号。

因可燃气体报警控制器担负着检测可燃气体泄漏的重要功能，所以其供电是应该得到保证的，一般是由专门的UPS电源进行供电。燃气泄漏触发报警后，控制器还需输出相应的信号去控制包括燃气电池阀、风机、主机ECU等设备。典型的可燃气体报警控制系统包括可燃气体报警控制器和可燃气体探测器，如图11-5和图11-6所示。

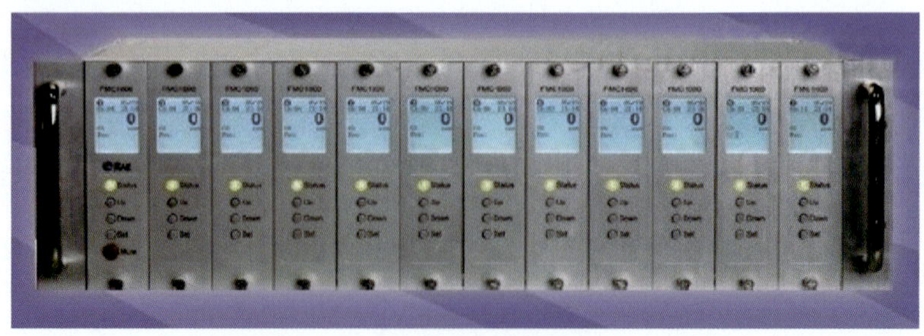

图11-5 可燃气体报警控制器

图 11-6　可燃气体探测器

2.典型可燃气体报警控制器面板介绍(如图 11-7 所示)

(1)显示屏。

(2)电源指示灯。

(3)故障指示灯。

(4)低限报警灯。

(5)高限报警灯。

(6)发声孔。

(7)复位按钮。

(8)自检按钮。

(9)消音按钮。

(10)排风按钮。

(11)控阀按钮。

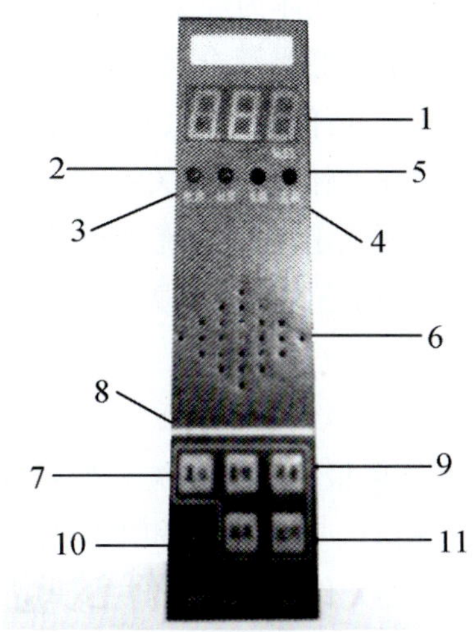


图 11-7　报警控制器面板

3.典型可燃气体报警控制器型特点

(1)输入、输出 4 ~ 20 mA 标准信号。

(2)上电预热不报警、预热后自动调零。

(3)具有高、低两段报警、报警设定值可调。

(4)具有故障自诊断功能。

(5)对现场浓度值进行数字显示。

(6)可手动排风、手动关阀。

4.日常操作

(1)开启电源,检查电源指示灯是否正常。

(2)按自检按钮,系统自行检测探测器、线路是否正常,自检完成后液晶显示屏正常显示可燃气体浓度。

(3)定期使用已知浓度样气对低、高限报警设定值进行检查。

(4)定期使用罐装可燃气体对探测器进行报警功能测试。

(5)出现报警时,先按消音按钮,查找出报警区域后立即进行检查,故障排除后按复位按钮进行复位。

(6)如系统已连接,可在报警后按下排风按钮,起动相关区域风机进行通风。

(7)如系统已连接,可在报警后根据需要按下控阀按钮关闭相关阀门。

## 二、可燃气体报警器校验的注意事项

(1)原则上要采用经计量认证与被检测气体相匹配的标准样气。相同的被测介质所选的标准样气不同,报警点也不同。

(2)校验前,探头的周围环境应无可燃气体。如果有可燃气体,要先折下防雨罩,充入一定量的洁净空气后,再连续通入样气,以保证校验的准确性。

(3)当被测气体为烃类混合物时,异丁烷为首选样气,其次为丙烷。

(4)对于非烃类混合物或爆炸下限浓度的气体燃烧时产生的热量相差较多的烃类混合物,不得已时,可使用丁烷、异丁烷、丙烷等既易得又稳定的单组分燃料作为样气。此时必须依据一定的检测信号换算关系调整报警器的量程。

(5)用丙烷定期对系统进行功能测试,检查声光报警是否正常,相关控制是否动作,如LNG燃料自动控制阀是否关闭,主机是否转为纯柴油模式或停止运行。

## 三、可燃气体报警器使用和维护方法

可燃气体报警器的种类和型号较多,但是基本电路原理是相同的,因此其使用和维护的方法也较相似。现将使用和维护的方法介绍如下:

(1)检测元件与补偿元件的使用寿命通常为3~5年。在使用条件合理和维护得当的条件下,可延长其使用寿命。

(2)对于有试验按钮的报警器,每周应按动一次试验按钮,检查报警系统是否正常。每2个月应检查校对一次报警器的零点和量程。

(3)应经常检查检测器有无意外进水。检测器透气罩在仪表检测时,应取下清洗,防止堵塞。

(4)检测器为隔爆型防爆设备,不得在超出规定的范围使用。检测器不得在含硫的场合使用。检测器应尽量在可燃气体浓度低于爆炸下限的条件下使用;否则,有可能烧坏元件。

(5)热线型半导体式检测器不得在缺氧的条件下使用。不要用大量的可燃气直冲探头。

# 第四节　气体燃料管系的检漏与消除

## 一、LNG燃料动力船舶燃料管系泄漏的检查

由于LNG燃料动力船舶燃料管系内是高压可燃气体，所以在进行检漏操作时安全是第一位的，检漏过程中特别要注意防火防爆，同时也要做好个人防护，戴隔热手套，防止低温冻伤，一般船上配有便携式可燃气体检测仪或测爆仪，另外还有固定式可燃气体测量系统，可先通过以上设备对管系所在区域进行检查，如发现有燃气泄漏，应立即将主机双燃料模式转为纯柴油模式运转，关闭LNG气罐出口截止阀，再来查找泄漏的具体部位。

通常采用的方法除了一般的目视、耳听、鼻嗅外，还可以用发泡剂（如肥皂水、中性泡沫液等）、试纸或试剂、气体检测器、超声波泄漏探测器、红外线温度测试仪等进行检查或检测。

（1）目视检查应首先检查管路是否有异常的结霜、结露，严重时可能会产生压力、流量的波动，在目视检查的同时，还可配合耳听、鼻嗅，从泄漏处的响声、LNG中添加的臭味剂产生的气味就可进一步判断泄漏的部位。

（2）肥皂水、中性泡沫液等检漏液检漏。具体方法是先将肥皂捣碎并加水搅拌做成肥皂水，或使用专门的中性泡沫液，将肥皂水或中性泡沫液涂在气路接头、法兰连接处，也可用带喷雾器的容器将肥皂水和中性泡沫液喷至气路接头、法兰连接处，检查是否有气泡产生，如有气泡产生则说明管路存在漏气现象。

（3）试纸或试剂检漏适用于管内介质与试纸的浸渍液起化学反应并能使试纸或试剂明显显示的场合。

（4）LNG燃料动力船气罐区、机舱、发动机区域等装有固定式可燃气体探测装置，并可实现自动检测，可通过查看可燃气体探测装置的显示初步确定泄漏的大致范围。此外还有便携式的可燃气体探测仪，可更准确地确定漏泄位置。

## 二、LNG燃料动力船舶燃料管系泄漏的消除

查明泄漏处后，根据故障的情况，船员可以进行力所能及的处理。

（1）均匀上紧密封部位连接螺栓。

（2）更换或修复变质或损坏的密封垫。

（3）更换各密封部位失效的填料。

（4）对不平整的法兰密封进行加工或更换法兰。

（5）采用可靠的密封胶（如厌氧胶等），并注意密封面的清理和均匀涂抹。

如果以上措施不能消除漏泄，应关闭LNG气罐出口截止阀，将发动机转换成燃油模式运行，一般情况下不允许船员对漏泄处进行焊补作业或更换漏泄管段，如确需对管路进行焊补或更换，必须由厂家技术人员参与进行或进厂修理，修理前必须用氮气对管路进行置换，待管路内燃气被置换并用测爆仪检测燃气含量低于1%LEL后再进行操作，LNG燃气管路大多采用不锈钢管路，焊补时需使用不锈钢焊条，采用钨极氩弧焊方式进行焊补。

# 第五节　船舶LNG燃料的加注操作

加注是LNG燃料水上供应链上的关键环节，目前，LNG燃料动力船舶的加注方式总体上可分为三类：岸站—船、船—船、罐车—船，其中船—船加注方式中的加注站可以建设在岸边趸船、水上趸船或移动式小型加注船上。本节主要介绍岸站—船加注方式的操作程序。

## 一、LNG加注作业前准备工作

（1）船舶负责人和加注站负责人共同商定上下船的安全通道、船舶与加注方的联络方式、双方的分工合作、加注管系所允许的最大压力和流速、输送管道的扫线方式、紧急停泵和应急切断方式等。

（2）拟加注LNG燃料的性质和数量是否符合要求，确认船舶气罐的容量和剩余燃料量，确保输送LNG燃料的罐体与船舶气罐内的压力符合额定的压力差。

（3）检查与燃料加注相关的设备和器材是否备妥。

（4）检查船舶无明火。

（5）准备好消防器材。

（6）现场悬挂警示牌。

（7）所有防泄漏的不锈钢集液盘清洁无积水。

（8）检查防静电的预防措施。

## 二、加注作业

（1）在确保作业前检查正常的情况下，使用加注站的氮气系统对加注管系、加注接头及回气接头进行吹扫置换，吹出枪头内部的冷凝水蒸气，防止冰堵现象发生。

（2）将加注软管连接到船舶气罐的液相充装接口、回气接口并装好静电接地装置，严禁加气管交叉和缠绕在其他设备上。

（3）明确加气站输送压力比船舶气罐内压力高0.1~0.2 MPa。

（4）安保系统合上电源投入使用。

(5)开启船舶气罐顶部进液阀,开启加注站气罐液相阀。

(6)缓慢打开加注站气罐的气相阀对加注管线进行预冷并检查有无泄漏。若气罐压力超过0.7~0.8 MPa,打开其旁通阀泄压。

(7)关闭加注站气罐气相阀门,缓慢打开其液相阀门,将加注线冷透并对气罐预冷。

(8)通知船方操作人员打开船舶气罐的底部进液阀门,且关闭其顶部进液阀和打开回气阀门。

(9)缓慢打开加注站气罐的底部出液阀,开始加注,为防止产生静电,初始速率不超过1 m/s。

(10)当船舶气罐有液位时并趋于稳定后,打开船舶气罐顶部进液阀同时充液,提高加注速度。

(11)当液位显示约50%时,应关闭顶部进液阀;当加注总量将要达到预定加注量时应联系加注站工作人员减速加注。

(12)当液位显示达到85%时,关闭底部进液阀停止加注,然后再打开下充装阀继续加注,同时打开气罐的溢流阀直到有液体从溢流阀排出时,停止充装并关闭溢流阀和底部进液阀。

### 三、加注作业后操作和检查

(1)LNG加注完毕后,加注方关闭LNG加注液相阀,打开气相阀,将管线内的LNG吹入船舶气罐,然后关闭船舶气罐的气相阀和底部进液阀,最后关闭加注站气相阀。

(2)打开管线上的放空伐,直至彻底放空后关闭。

(3)移除加注软管或加注臂,取下静电接地线。

(4)相关器材、设备归位复原。

(5)船方确认气罐内压力、加液总量等参数及相关阀件状态安全后,加注作业全部结束,放下信号旗。

## 第六节　气体燃料系统和发动机的起动、停止与运行管理

LNG双燃料发动机及其控制系统工作正常是保障船舶安全的重要条件,LNG燃料动力船舶的船员应严格遵守发动机的安全操作程序和供气系统的安全操作程序,掌握供气系统、混燃控制系统及监控系统等相关系统的操作要求。

在操作气体燃料主机时应遵照如下程序：起动前的准备——起动主机——纯柴油模式——纯柴油模式稳定运行——双燃料模式运行——纯柴油模式稳定运行——停车。下面详细介绍内河双燃料船舶气体燃料主机的操作程序。

## 一、LNG发动机起动前的检查

（1）打开安保系统电源开关，使安保系统进入开机自动检测状态。自检完成后，对报警系统进行测试，确保燃气报警系统工作正常，供气系统电磁阀动作正常。

（2）打开气体燃料供应系统，检查系统中各阀件、管路、接头有无松脱，各阀件是否正常开启（或关闭）。

（3）检查发动机的双燃料系统各控制和操纵机构是否正常。

（4）合上双燃料控制柜总电源开关，打开控制器电源开关、LNG燃料电磁阀电源开关、柴油电磁阀电源开关。

（5）检查发动机的起动空气系统，将主空气瓶打满并放残。

（6）检查发动机的冷却水、燃油和滑油系统并起动其相关泵浦，检查其温度、压力是否正常。

（7）起动机舱顶置式防爆式风机，对机舱进行强力通风不少于10 min。

（8）与驾驶台联系，对发动机进行盘车、冲车和试车，检查发动机是否正常。

（9）当各项准备工作备妥后，选择运行模式，将柴油/双燃料切换开关置于“纯柴油”模式，发动机准备完毕。

## 二、LNG发动机的起动操作

（1）当接到起动发动机的命令，应在纯柴油的模式下起动和操纵发动机。

（2）发动机加速过程要匀缓，发动机如有临界转速区需要迅速越过，严格禁止发动机超负荷运行。

（3）如果起动失败，应将操纵手柄扳回停车位置后再次起动。

（4）检查并保持空气瓶内空气压力不低于2 MPa，注意检查发动机工况，调节油、水、气的压力和温度至正常工作范围内。

## 三、LNG发动机纯柴油模式转换为双燃料模式

（1）当发动机在纯柴油模式下稳定运行一段时间后，将LNG热交换器（以水浴式热交换器为例）的热水循环系统投入运行，为发动机由“纯柴油”模式转换为“柴油—LNG”双燃料模式做准备。

（2）调节气体燃料系统中调压阀，将气体燃料的压力调节至满足发动机要求值，沿气路检查供气系统各阀件、管路、接头有无漏泄。

（3）接到驾驶台的定速指令后，如果发动机功率已经超过额定功率15%以上，将柴油/

双燃料切换开关切换至“柴油—LNG”双燃料模式，发动机进入“柴油—LNG”双燃料模式。

(4)船舶如果配置了双主机，切换时应先切换一部主机，运转15 min后无异常情况再切换另一部主机。在切换模式后应注意主机车速的稳定性。

## 四、LNG发动机正常运行管理

(1)定期检查发动机转速、油压、油温、水温、排烟等运行参数。

(2)加强巡视机舱和燃料供应系统，检查有无异响、超高温、异味等，若发现异常及时处理。

(3)每隔2 h检查LNG供气安全监测系统，若发现LNG供气安全监测系统(报警/紧急处理装置)失效，则应手动关闭气罐供液截止阀，将发动机转换至“纯柴油”模式运行，并及时将情况告知驾驶台，必要时应立即告知驾驶台将发动机紧急停车。

(4)使用双燃料模式时，不应急速加减油门，保证发动机正常运行。

(5)每隔2 h巡查气罐的液位、压力、减压装置、热交换器及LNG管线接头是否正常。

(6)加强通风系统、消防系统及探测器检查，一旦发现故障，应立即停止使用LNG。

## 五、停车

1.停车注意事项

(1)双燃料发动机不能在燃气模式下空载运行，以防止燃气不能充分燃烧而进入排气系统引起爆炸事故。

(2)在停车之前双燃料发动机必须切换到“纯柴油”模式下才能停车。

(3)发动机切换到“纯柴油”模式后，当接到停车命令，操作人员可以在控制台或机旁将油门拉杆拉至停车位，发动机即可停车。

(4)停车后，应保持冷却水泵和滑油泵继续运行0.5 h后方可停止。

2.正常停车

船舶到港前，驾驶台值班人员要提前通知轮机部值班人员，以便轮机部值班人员做好准备，当轮机部值班人员接到到港备车的命令后，应：

(1)先关闭LNG气罐供液截止阀，其他阀件保持不变。发动机运行一段时间以后，再关闭热交换器出口的截止阀，停止LNG热水循环泵的运行，关闭热交换器的热水循环系统。

(2)将“柴油— LNG”双燃料模式切换至“纯柴油”模式，使发动机在纯柴油模式下运行一段时间，通知驾驶台可以停车(或者机动用车)。

(3)在停车前需要先逐步减速，降低发动机负荷。

(4)接到驾驶台停车指令后，回车钟，将喷油泵油门手柄转换至切断油路位置上，发动机停车。

(5)停车后开启LNG燃料管路上的放残阀，将管路中的剩余天然气排空。

(6)完车后,应停止机舱强制通风的运行,关闭气体燃料应急切断阀控制箱的压缩空气截止阀,关闭安保系统和双燃料控制柜的电源开关。

3.紧急情况下停车

(1)当发动机出现异常或者船舶发生火灾等紧急状态需要紧急停车时,应手动按下本地或远程紧急停止按钮,控制系统将立即切断供气电磁阀和供油电磁阀,使发动机紧急停车。

(2)紧急停车后开关的恢复:将“柴油—LNG”双燃料模式切换至“纯柴油”模式,将本地或远程紧急停止按钮释放。

(3)发生紧急停车后,要及时关闭LNG气罐供液截止阀,观察压力表的读数,如果读数过高时,应开启液相管路上的放残阀。

(4)其他的操作与正常情况下停车相同。

# 参考文献

[1] 天然气燃料动力船规范. 中国船级社,2013.
[2] 天然气动力船法定检验暂行规定. 北京:人民交通出版社,2013.
[3] 张建斌,等.液化天然气船舶安全监督管理. 大连:大连海事大学出版社,2010.
[4] 刘屹.液化气船货物操作. 大连:大连海事大学出版社,2012.
[5] 严铭卿. 天然气输配技术. 北京:化学工业出版社,2009.
[6] 顾安忠. 液化天燃气技术. 北京:机械工业出版社,2008.
[7] 王茹军. 内河LNG燃料动力船舶安全知识与操作. 武汉:武汉理工大学出版社,2015.
[8] 王当利. 船舶防火与灭火. 武汉:武汉理工大学出版社,2010.